国家职业技能等级认定培训教材——合编版

直播销售员

（基础知识）

人力资源社会保障部教材办公室　组织编写

编审委员会

主　任　张建华
副主任　杨　彬　杨素平　刘立明
委　员　果彤林　汪洪涛　曹　阳　魏　来

本书编审人员

主　编　徐　婧
副主编　汪洪涛　王　伟
编　者　刘雨丝　范开宇　周建林　董　瑞
　　　　王　超　计永丰　李欣然　张　贺

中国劳动社会保障出版社

图书在版编目(CIP)数据

直播销售员:基础知识/人力资源社会保障部教材办公室组织编写. -- 北京:中国劳动社会保障出版社,2021
国家职业技能等级认定培训教材:合编版
ISBN 978-7-5167-4858-9

Ⅰ.①直… Ⅱ.①人… Ⅲ.①网络营销-职业技能-鉴定-教材 Ⅳ.①F713.365.2

中国版本图书馆 CIP 数据核字(2021)第 136942 号

中国劳动社会保障出版社出版发行

(北京市惠新东街1号 邮政编码:100029)

*

三河市华骏印务包装有限公司印刷装订 新华书店经销

787 毫米×1092 毫米 16 开本 5.75 印张 102 千字
2021 年 8 月第 1 版 2025 年 2 月第 6 次印刷

定价:19.00 元

营销中心电话:400-606-6496
出版社网址:http://www.class.com.cn

版权专有 侵权必究

如有印装差错,请与本社联系调换:(010) 81211666
我社将与版权执法机关配合,大力打击盗印、销售和使用盗版图书活动,敬请广大读者协助举报,经查实将给予举报者奖励。
举报电话:(010) 64954652

前　言

为贯彻落实中共中央、国务院《关于分类推进人才评价机制改革的指导意见》精神，推动直播销售员职业培训和职业技能等级认定工作的开展，在直播销售员从业人员中推行职业技能等级制度，推进实施职业技能提升行动，人力资源社会保障部教材办公室组织有关专家编写了直播销售员国家职业技能等级认定培训教材——合编版。

本套教材依据相关《国家职业技能标准》（以下简称《标准》）、结合岗位工作实际编写，内容上体现"以职业活动为导向、以职业能力为核心"的指导思想，突出职业等级认定培训特色；结构上针对直播销售员职业活动领域，按照职业功能模块分级别编写。

本教材是国家职业技能等级认定培训教材——合编版中的一种，适用于各级别直播销售员的培训，是国家职业技能等级认定培训推荐用书。

本教材在编写过程中得到了北京东方仙玛企业管理有限公司、北京新意尚品文化传媒有限公司、中融易达（北京）物联网技术研究院等单位的大力支持和协助，在此一并表示衷心感谢！由于时间仓促，不足之处在所难免，欢迎提出宝贵意见和建议。

人力资源社会保障部教材办公室

目　录

第一章　职业道德与职业守则 ································· 1
第一节　职业道德 ·· 1
第二节　职业守则 ·· 3

第二章　新媒体概述 ··· 6
第一节　新媒体的产生背景与含义 ································ 6
第二节　新媒体的主要形式与特征 ································ 8
第三节　新媒体的发展现状与趋势 ······························· 10

第三章　销售与营销 ·· 13
第一节　销售与营销概述 ·· 13
第二节　新媒体营销 ··· 14
第三节　直播营销 ·· 23

第四章　音视频制作与剪辑 ·· 26
第一节　音频制作 ·· 26
第二节　视频制作 ·· 31
第三节　音视频剪辑 ··· 37

第五章　表演艺术 ··· 40
第一节　表演艺术概述 ·· 40
第二节　新媒体艺术 ··· 44

第六章 心理学 ……………………………………………………………… 57
  第一节 心理学基础 …………………………………………………… 57
  第二节 销售心理学 …………………………………………………… 59
  第三节 消费心理学 …………………………………………………… 60
  第四节 商业心理学 …………………………………………………… 66

第七章 相关法律、法规知识 …………………………………………… 71
  第一节 《中华人民共和国广告法》相关知识 ……………………… 71
  第二节 《中华人民共和国消费者权益保护法》相关知识 ………… 74
  第三节 《中华人民共和国民法典合同编》相关知识 ……………… 79
  第四节 《互联网直播服务管理规定》相关知识 …………………… 83

附录 互联网管理的相关法律、法规 …………………………………… 85

第一章

职业道德与职业守则

第一节 职业道德

一、道德概述

道德是人们对于自身所依存的社会关系的一种自觉反映形式,是依靠教育、舆论和人们内心信念的力量,来调整人们相互之间的观念、原则、规范、准则等的总和。道德的性质、作用和发展变化都与一定的社会基础相适应。因此,不同的历史发展阶段,基于不同的生产力水平形成了不同性质的生产关系,从而产生了不同的道德类型。

1. **道德的含义**

道德是思想意识和行为规范问题,属于上层建筑。道德是任何人都要懂得并需要具备的基本素质。我国是社会主义国家,要求用社会主义道德观培养、塑造每一个公民。党的十八大报告提出要加强"四德"建设,"四德"即社会公德、职业道德、家庭美德、个人品德。其中社会公德是个人道德修养和社会文明程度的集中表现,家庭美德是社会和谐的基础。道德建设是具体的,从社会到个人,"四德"建设基本上可以涵盖道德建设的内容。从某种意义上说,是否是一个合格的直播销售员,首先要看其有没有基本的社会公德和职业道德。

2. **道德的特点**

在日常生活中,人们经常说这种行为是高尚的,那种行为是卑鄙的;这个人诚实、品质好,那个人虚伪、品质差。这种使用高尚、卑鄙、诚实、虚伪之类的词汇评价人的某些行为和思想的现象就是道德评价。例如，老年人乘坐公交车时，有的人会起身让座；但也有的人视而不见，闭上眼睛装睡觉。对此，人们的评价是：前者是尊老、爱老，具有良好道德修养的人；后者则是缺少道德修养的人。由此说明，道德由两个方面构成：一是道德观念，即思想意识中的东西；二是行为规范，即在一定道德观念指导下的具体行为准则。

3. 道德的作用

道德既是根据一定的行为规范和规则，对人的思想和行为做出善恶荣辱等方面评价的方式，又是衡量一个人品德好坏的客观标准。正确的道德观念对于协调人与人之间的关系、维持社会生活的稳定和促进人类文明的发展具有重要作用。人类的道德具有一定的形成和发展过程。早在原始社会，人与人之间的关系就是靠以风俗习惯为主要内容的原始道德加以调整的。随着社会的发展，公共生活的规模越来越大，人与人之间的交往也越来越多，这就需要在整个社会中形成明确的善恶标准，用以引导和约束人们的社会行为，调整人与人之间的关系。这时，以确定的权利义务观念和具体的行为规范为特征的道德，就逐渐成为社会生活中不可缺少的东西。

二、职业道德

职业道德是指不同行业的人在自己的职业活动中所遵循的行为准则，即一个人在其职业生活实践中应当遵循的道德准则，以及与之相适应的道德观念、情操和品质。

1. 职业道德的特点

（1）稳定性和连续性。职业道德的内容往往表现为某一职业所特有的道德传统和道德准则。一般来说，职业道德反映的是本职业的特殊利益和要求，而这些要求是在长期、反复的特定职业社会实践中形成的，有些是独具特色、代代相传的。不同的民族有其特有的职业生活方式，从事特定职业也有其特定的职业生活方式。这种由不同职业、不同生活方式长期积累逐渐形成的相对稳定的职业心理、道德传统、道德观念、道德规范以及道德品质，形成了职业道德相对的稳定性和连续性。例如，医生要救死扶伤，军人要服从命令，商人要诚信无欺，教师要为人师表，企业经理要以身作则等，这些均是约定俗成的社会共识。进入某个行业、从事某一职业，首先要学习、掌握这一职业的道德准则，要遵守行约、行规。只有认真、规范地遵守职业道德的人，才能成为这一职业中的优秀人才。

（2）专业性和有限性。鉴于职业的特点，职业道德的调节范围主要限于从事本职业的人员，而对从事其他职业的人员就不一定适用。也就是说，职业道德一方面用来调节从事同一职业的人员的内部关系，另一方面也用来调节本行业从业人员与其服务对象之间的关系。

（3）多样性和适用性。由于职业道德是依据本职业的业务内容、活动条件、交往范围以及从业人员的承受能力而制定的行为规范和道德准则，所以职业道德是多种多样的，有多少种职业就有多少种职业道德。同时，每种职业道德必须具有具体、灵活、多样的特点，以便从业人员能够记忆、接受和执行，并逐渐形成习惯。

2. 职业道德的作用

职业道德在每个人的职业生涯中均有极其重要的意义。随着社会主义市场经济的发展，道德教育问题已成为国家和社会十分关注的重要问题。要紧密结合社会主义市场经济发展的新要求，努力加强社会主义道德教育，不断提高全体人民的思想道德素质。

提高思想道德素质是提高职业道德的前提，对于进入直播行业的新人来说，只有认识到思想道德教育的重要性，才能进一步理解职业道德在职业生涯中的重要性。思想道德教育之所以重要，是因为在社会生活中，为了共同的生活需要，每个人都应对自己的行为加以必要的限制和约束。法律和道德都是上层建筑的组成部分，是维护社会秩序、规范人们思想和行为的重要手段。

法律以及各种行政措施、规章制度，对人的限制和约束是强制性的，通过依法制裁制止人们违法犯罪，违反限制和约束的人将会受到批评、惩罚和制裁。道德对人的限制和约束则是通过社会舆论和个人内在信念的共同作用，即通过培养、提高个人道德品质，使人们正确认识和处理各种利益关系，不做有损社会和他人的事。因此，道德教育是社会主义精神文明建设的重要组成部分，是规范人们思想行为的重要手段。

第二节　职业守则

一个人的职业修养如何，不仅要看其知道多少、说了什么；还要看其行为表现，即做了什么、怎么做的。直播销售员的职业守则就是从业人员要身体力行、认真自觉遵守的行为规范。

一、遵纪守法，诚实守信

社会主义法纪在培养人们的社会主义职业道德中具有重要的作用，其本身也体现着社会主义职业道德的精神，是培养和提升职业道德品质的有力武器。所以，遵纪守法是每个公民以及从事任何职业的劳动者都必须具备的基本道德规范。

诚实守信是一种可贵的品质，具有这种品质的人，会给人一种靠得住、信得过的感觉。作为直播从业人员，直播销售员在工作过程中应当诚实守信、说到做到，这样才能获得他人的信赖。

二、爱岗敬业，主动服务

爱岗敬业是社会主义职业道德的核心，是中华民族的传统美德。爱岗敬业是社会主义职业道德最基本、最普遍的要求。爱岗，就是热爱自己的工作岗位，热爱自己的本职工作；敬业，就是以负责的态度对待自己的工作。敬业精神体现着一种积极向上的人生态度。人生的价值在于勤奋、进步、奉献，而敬业精神就是一种奉献精神。

直播销售员在工作中会遇到许多预料之外的问题与困难，这就需要从业人员具备主动服务的观念，依据规定和相关标准认真、细致、积极地处理，不能得过且过，对所有的问题都采取一致化的处理方法，因为这种工作作风会严重损毁职业形象以及自身的素质与信誉。

三、谦虚谨慎，团结协作

谦虚是指人们敢于承认自己在某一领域的无知和不足，能够清醒地认识到自己的优缺点，从而虚心接受他人的意见并不断地、主动地学习精进。谨慎是指在待人接物和处理问题时，要三思而后行，切忌急躁轻率、鲁莽冒失，以免给单位或个人造成损失。自古以来，谦虚谨慎都是人生道德修养必备的品格，具有这种品格的人，在待人接物时能做到温和有礼、善于倾听、虚心求教、取长补短；对自己有自知之明，在成绩面前不居功自傲，能保持清醒的认识；在缺点和错误面前不文过饰非，能采取积极的态度改正。人们在加强思想道德修养的同时，需要保持谦虚谨慎的优良作风和传统，并将其不断发扬光大。

团结协作是一切事业成功的基础，个人和集体只有依靠团结的力量，才能把个人的愿望和团队的目标结合起来，超越个人的局限，发挥集体的协同作用。一个缺乏合作精神的人，不仅很难适应时代的发展，也很难在激烈的竞争中立于不败之地。在现代社会中，孤家寡人、单枪匹马很难取得成功，因此需要团结协作，形成合力。从某种意义上讲，帮别人就是帮自己，合则共存，分则俱损。如果因为心胸狭隘，放弃利用身边的人力、资源去干事，结果只能是事倍功半，甚至更糟。

第二章

新媒体概述

新媒体是相对于传统媒体而言的媒体，具有媒体的一般属性，即承载信息和传播信息的属性。新媒体强调网络传播、内容生产、业务开发、终端推广、广告营销、用户需求等功能。在传播技术进步、传播生态演变的背景下，新媒体能够承载和传播更多的信息，更方便快捷地实现信息在传播过程中的互动分享。

第一节 新媒体的产生背景与含义

一、新媒体产生的背景

传播技术的发展催生了媒介形式的不断丰富，也促使媒介的信息传播更加快捷和有效。互联网与智能终端发展迅速，形成了创新拐点基础。2012—2020年中国移动互联网市场规模（亿元）如图2-1所示。

随着计算机的问世，数字化生存的现实使得数字传播技术得以迅速发展和应用。数字传播技术带来了传媒产业颠覆性的变革。

互联网的飞速发展打破了行业界限，改变了传统的竞争态势，让传统行业面临着转型的压力和挑战。社会对于人们获取更加优质内容的需求越来越难以满足，导致传统媒体行业如报纸、杂志、图书等的阅读量持续下降，未来可持续发展动力出现结构性疲软。而大数据、人工智能等新技术行业正向着更高层次发展。在外界环境的变化

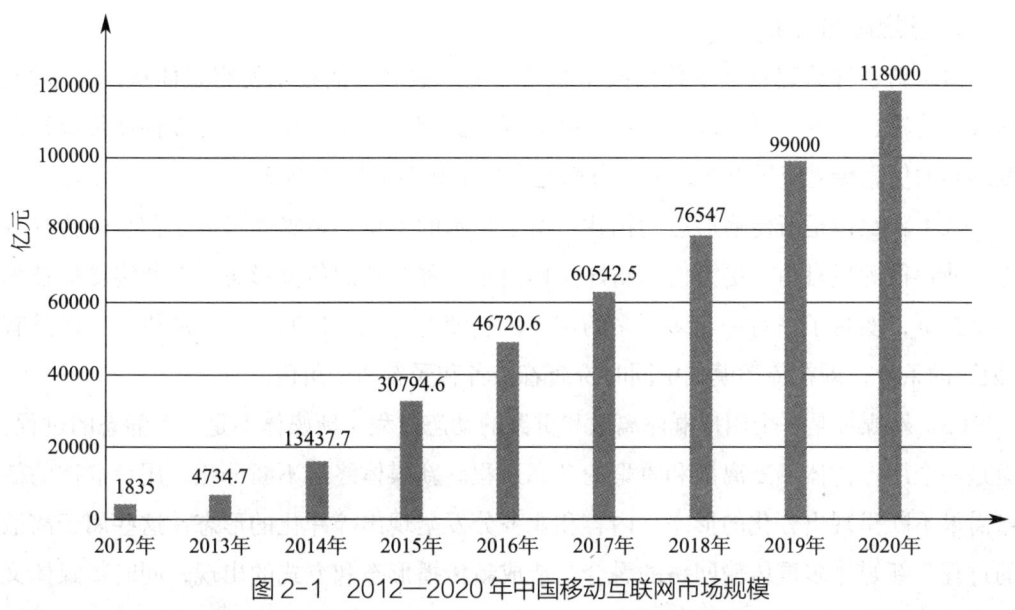

图 2-1　2012—2020 年中国移动互联网市场规模

和内在发展的压力之下，传统媒体行业正在主动寻求变革及融合。一方面，传统媒体的数字化进程加速，报纸、杂志、图书等平面媒体的内容需要以光盘或有声读物等数字化载体重新进行呈现，以适应不断变化的传播环境；另一方面，数字传播技术催生了以互联网、数字广播电视、移动媒体为代表的多种崭新的媒体形态。

新的数字传播技术还使得媒体的互动变得更加方便，人们也从过去被动接收信息的"受众"一跃成为能够跟媒体互动并且主动生产、传播和使用信息的"用户"。"用户"的消费行为习惯悄然发生变化，消费者及消费主力群体正在发生转变。

二、新媒体的概念与内涵

1. 新媒体的概念

联合国教育、科学及文化组织（简称联合国教科文组织）对新媒体的定义是：以数字技术为基础，以网络为载体进行信息传播的媒介。这个定义阐释了新媒体是信息传播的重要载体，在数字技术的支持下，新媒体突破了人与人之间信息传播的限制。

针对我国新媒体的发展特点，新媒体的定义又有了变化。新媒体是信息传播者和接受者双方平等的新传播方式，是媒体旧格局的解构与重聚，是信息内容生产流程的再造与管理的创新，是信息传输网络融合与博弈的产物，更是以个人、家庭、行业和政府的信息需求为动力所构建的崭新的信息生产、消费与交流平台。

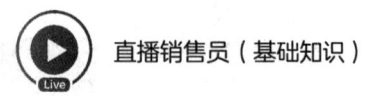

2. 新媒体的内涵

（1）新媒体构建在数字传播技术基础之上。数字传播技术使得媒体从内容生产、集成、传输、分发、接收方式及接收终端等方面都发生了变化，一方面促使传统媒体发展新的信息传播应用方式，另一方面也产生了崭新的媒体形态。

（2）新媒体是新传播形态的构建。由于技术的支持，新媒体解放了信息的传受双方，使得彼此更自由、更方便。新媒体构建了一种全新的传播形态。在数字传播技术的支持下，实现了一对一、多对多的传播。它使每个人不仅有"听"的机会，而且有"说"的条件，即在传播模式中同时扮演着传者和受者两个角色。

（3）新媒体是一个用户群体离散和重聚的动态过程。新媒体不是一个静态的过程，而是一个用户群体不断离散和重聚的动态过程。新媒体终端不断分化，用户群体的信息需求不断呈现出分化的形态，内容和业务分发呈现出碎片化的形态，这些属于离散的过程。新媒体多重传输网络的融合，造成新传播形态和方式的出现，同时新媒体又对碎片化的用户群体进行重新聚合，不断把已经或曾经细化的用户聚合起来，形成新的群体概念，这些属于重聚的过程。例如，新媒体的社区、论坛、团购等方式就是重新聚合起来的群体。

第二节　新媒体的主要形式与特征

一、新媒体的主要形式

根据终端的不同，新媒体主要有以下几种形式。

1. 数字电视

数字电视是指从演播室到发射、传输、接收的所有环节都是使用数字电视信号或对该系统所有的信号传播都是通过数字信号来传播的电视类型。高速的数字信号传播速率保证了数字电视的高清晰度，克服了模拟电视的先天不足。

2. 网络媒体

网络媒体包括网络电视、博客、播客、视频、电子杂志等。

（1）网络电视。网络电视（internet protocol television，IPTV）是以宽带网络为载体，通过电视服务器将传统的卫星电视节目重新编码成流媒体的形式，经网络传输给用户收看的一种视频服务。网络电视具有互动个性化、节目丰富多样、收视方便快捷等特点。

（2）博客。博客指网络日志，是一种传播个人思想，带有知识集合链接的表现形式。

（3）播客。播客通常指那些自我录制广播节目并通过网络发布的人及客户端。

（4）视频。视频泛指将一系列的静态影像以电信号方式加以捕捉、记录、处理、储存、传送与重现的各种技术。连续的图像变化每秒超过24帧画面以上时，根据视觉暂留原理，人眼无法辨别单幅的静态画面，看上去是平滑连续的视觉效果，这样连续的画面称为视频。视频技术最早是为了电视系统而产生，但是现在已经发展为各种不同的格式以便于记录。网络技术的发达也促使视频的记录片段以流媒体的形式存在于网络上，并可被计算机接收与播放。

（5）电子杂志。电子杂志一般指用网页动画设计软件将音频、视频、图片、文字及动画等集成展示的一种新媒体。因其具有传统杂志翻页的展示形式，故被命名为"电子杂志"。一般的电子杂志网站都提供客户端订阅器，供用户下载与订阅杂志，而订阅多采用流行的点对点技术，以提高下载速度。电子杂志具有发行方便、发行量大等特点。

3. 手机媒体

手机媒体是借助手机进行信息传播的媒体形式。随着通信技术、计算机技术的发展与普及，手机已逐渐成为具有通信功能的小型便携式计算机。手机媒体是网络媒体的延伸，它除具有网络媒体的优势之外，还具有携带方便的特点。手机媒体真正跨越了地域和计算机终端的限制，拥有声音和振动的提示，能够做到与新闻同步；接受方式由静态向动态演变，受众的自主地位得到提高，可以自主选择和发布信息，信息的及时互动或暂时延宕得以自主实现。

4. 户外新媒体

户外新媒体是有别于传统户外媒体形式（广告牌、灯箱、车体等）的新型户外媒体。户外新媒体主要以液晶电视、LED屏为载体，如楼宇电视、公交电视、地铁电视、大型LED屏等，通过新材料、新技术、新设备的应用，或与传统的户外媒体形式相结合，使得传统的户外媒体形式有质的提升。

二、新媒体的主要特征

以数字传播技术为代表的新媒体，其最大特征是打破了媒介间的壁垒，消除了地

域与行政之间、传播者与接受者之间的边界。新媒体主要有以下几个特征。

1. 媒体个性突出

由于技术的原因,以往的媒体几乎都是大众化的。新媒体却可以做到面向更加细分的受众,个人可以通过新媒体定制自己需要的新闻。也就是说,每个新媒体受众手中最终接收到的信息可以是一样的,也可以是完全不同的。这与传统媒体受众只能被动地阅读或者观看毫无差别的内容有很大不同。

2. 受众选择增多

从技术层面上讲,对于新媒体,人人都可以接收信息,也都可以充当信息的发布者,用户可以一边看电视节目、一边播放音乐,同时参与节目的投票,还可以对信息进行检索。这就打破了只有新闻机构才能发布新闻的局限,充分满足了信息消费者的细分需求。与传统媒体的"主导受众型"不同,新媒体是"受众主导型"。

3. 表现形式多样

新媒体的形式多样,各种形式的表现方式也比较丰富,可集文字、音频、画面为一体,做到即时地、无限地扩展内容,从而使内容变成"活物"。从理论上讲,只要满足计算机的存储要求,一个新媒体即可满足全世界的信息存储需求。除容量大之外,新媒体还有易检索的特点,即可以随时检索存储内容,查找以往的内容和相关内容非常方便。

4. 信息发布实时

与广播、电视相比,新媒体具有无时间限制、随时可以加工发布的特性。新媒体可以用强大的软件和网页呈现内容,轻松实现 24 小时在线。

此外,新媒体交互性极强,独特的网络介质使得信息传播者与接受者的关系走向平等,受众不再轻易受媒体"摆布",而是可以通过新媒体的互动,发出更多的声音,影响信息传播者。

第三节　新媒体的发展现状与趋势

一、新媒体的发展现状

1. 用户群体规模日趋庞大,发展速度快

我国互联网用户规模庞大,使用新媒体的用户数量不断提升。根据《中国互

联网络发展状况统计报告》（以下简称《报告》）显示，截至2020年6月，我国网民规模为9.40亿，互联网普及率达67.0%。我国手机网民规模为9.32亿，网民使用手机上网的比例达99.2%。我国互联网购物用户规模达7.49亿，占全部网民的79.7%。

（1）网民年龄结构。《报告》显示，20~29岁、30~39岁网民群体占比分别为19.9%、20.4%；40~49岁网民群体占比为18.7%；50岁及以上网民群体占比为22.8%。互联网持续向中高龄人群渗透。

（2）网民学历结构。初中、高中（中专、技校）学历的网民群体占比分别为40.5%、21.5%；受过大学专科及以上教育的网民群体占比为18.8%。

（3）网民职业结构。在我国网民群体中，学生最多，占比为23.7%；其次是个体户/自由职业者，占比为17.4%；企业/公司的管理人员和一般人员占比共计9.3%。

（4）网民收入结构。月收入在5 000元以上的网民群体占比为24.2%，也就是说，全国75.8%的网民月收入不足5 000元。其中，有收入但月收入在1 000元及以下的网民群体占比为21.0%。

2. 短视频市场发展极速

大型互联网公司及平台纷纷加入短视频市场，以组织视频分发队伍的形式瓜分市场，平台规模持续扩大。

短视频行业产品类型与服务更加多元化，平台借助自身影响力不断推出符合总体趋势且有利于自身发展的推销手段和具体方式。

3. 微信、微博影响力巨大，自媒体平台发展迅速

微信已经成为全民级移动通信工具。腾讯2020年第一季度财报数据显示，微信和WeChat的合并月活跃账户数已达到12.025亿，同比增长8.2%。微信已实现对国内移动互联网用户的大面积覆盖。

新浪2020年第二季度财报数据显示，微博月活跃账户数为5.23亿，较上年同期净增约3 700万，其中约94%为移动端用户。

4. 信息新技术加速媒体融合，进入智媒化阶段

众多互联网公司与平台对受众设计了个性推荐阅览方式，移动化、可视化、有针对性的多功能互联网平台已经成为媒体发展的未来趋势。

以专业媒体、人工智能、云计算和大数据作为基础，新技术已经从概念阶段走向实践阶段，并逐渐迈向智媒化阶段，媒介界限变得模糊。

二、新媒体的发展趋势

1. 数字经济引领"数字中国"建设走上新征程。
2. 人工智能技术的迅速发展及相关企业迅速崛起,智能互联与万物融合加速到来。
3. 媒体融合系统性创新发展,效果评估不断规范。
4. "一带一路"倡议等中国智慧持续推进我国国际传播能力的提升。
5. 以加强网络舆论引导为主进行互联网内容建设,防范网络思潮风险。
6. 内容价值持续回归,内容付费成为新媒体盈利增长的新热点。
7. 政务新媒体不断自我整合,服务功能逐步"实化"和"具化"。
8. 用户个体商业价值被激活,以"社交电商"为代表的社交化产品成为新势力。
9. 互联网治理的趋势依然是严管严控,网络安全至关重要。

第三章

销售与营销

第一节 销售与营销概述

一、销售与营销的含义

1. 销售

销售是指以出售、租赁或其他方式向第三方提供产品或服务的行为,包括为促进该行为进行的有关辅助活动,如广告、促销、展览、服务等活动。也就是说,销售是指实现企业生产成果的活动,是服务于客户的活动。

2. 营销

营销是指企业发现或发掘准消费者需求,让准消费者了解该产品进而购买的过程。市场营销,又称市场学、市场行销或行销学,经典的工商管理课程会将市场营销作为对管理者进行管理和教育的重要模块。市场营销是在创造、沟通、传播和交换产品的过程中,为客户、合作伙伴以及整个社会带来经济价值的活动、过程和体系,主要指针对市场开展经营活动、销售行为的过程,即经营销售转化的实现过程。

二、销售与营销的区别

分析销售与营销之间的区别,目的在于启发销售员与营销员在从事相关业务时,要抓住本业务的核心技能去练习和执行,消除一些销售员想要通过营销方式来卖产品

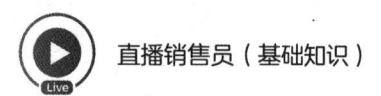

的想法。不是说销售员不能做营销，而是销售员必须在完成基本销售业务之后，才能在自己的业务范围内，应用简单的营销方法激发客户对产品的兴趣，从而便于自己后期销售业务的开展。

1. 业务概念不同

销售就是销售员要主动寻找客户，并向其推荐所销售产品的价值，以此来帮助对方解决相应的问题，进而达成交易行为。营销是营销员选择一些渠道，采用一定的推广方法，通过一定的文案或活动，激发客户对产品的需求感，从而使客户主动购买相应产品的行为。也可以说，营销员只负责通过各种方式发布产品信息，并不负责直接卖产品给客户。

2. 核心技能不同

核心技能是指从事相关业务需要使用到而不从事该业务就不需要使用到的一些技能。销售业务的核心技能是分析潜在客户，开发意向客户，以及激发客户购买力。营销业务的核心技能是策划营销方案，制作营销内容，以及推广营销内容。

3. 执行能力不同

销售业务与营销业务对执行者所需要具备的能力要求有所不同。销售业务需要执行者执行力强，思维灵活，具有耐心与毅力，并且最好具备良好的人际交往能力，由此才能获得丰厚的销售业绩。而营销业务需要执行者思考力强，具有创新性的写作思维，具备熟练的计算机应用能力，并且最好具备独特的心理分析能力。

4. 主要目的不同

对于任何一个企业而言，销售业务的主要目的是销售产品，而营销业务的主要目的是提升品牌知名度。由此，可以得出两者主要目的的区别就是：销售是卖产品，而营销是卖品牌。对于一些小企业来讲，由于资金、人才等因素有限，所以前期只能关注销售业务，也就是先把产品卖出去，当企业拥有一定的现金流与利润之后，再逐渐关注营销业务，提升企业品牌知名度，从而达到加快销售业务进展的目的。

第二节　新媒体营销

一、新媒体营销概述

在移动互联网时代，营销方式发生了巨大的改变，经营者越来越注重利用新媒体平台的特性，强化营销活动的体验性、沟通性、差异性、创造性和关联性。

1. 新媒体营销的核心理论

在传统媒体时代，信息传播是自上而下、单向线性流动，消费者只能被动接受。而在移动互联网时代，信息传播是"集市式"的，信息多向、互动式流动，声音多元、嘈杂、互不相同。新媒体营销的核心理论来自网络整合营销的"4I"理论原则。

（1）趣味原则（Interesting）。趣味原则是指营销活动必须具有娱乐性、趣味性的属性。当前的网络消费者以年轻人居多，他们在互联网上的活动，除了必要的工作、学习之外，大部分是娱乐。因此，新媒体营销活动要想打动目标受众，首先需要做到有趣味性，即通过有趣的标题、图片、文字等信息，引起目标受众的关注，才能进一步达成利益合作的关系。

（2）利益原则（Interests）。利益原则是指营销活动必须为目标受众提供其所需要的利益。企业需要设身处地地站在目标受众的立场上，思考企业自身能够为目标受众带来的好处有哪些。

当然，利益不仅指实际的物质利益，还包括更有利的资讯、更强大的功能或更优质的服务、超过心理预期的满足感、更高的荣誉感等。

（3）互动原则（Interaction）。互动原则是指充分挖掘网络的交互性特征，充分利用网络特性与目标受众开展交流，将新媒体的营销功能发挥到极致。消费者亲自参与互动与创造的营销过程时，会在大脑中留下更深的品牌印记。把消费者作为一个主体，发起其与品牌之间平等互动的交流，可以为营销带来独特的竞争优势。未来的品牌将是半成品，剩余的一半由消费者体验、参与来确定。当然，营销人员找到能够引领和主导两者互动的方法很重要。

（4）个性原则（Individuality）。个性原则是指利用网络的数字流特征，采用"一对一"的个性化营销手段，使得目标受众产生"焦点关注"的满足感。个性原则使新媒体营销手段能投目标受众所好，更容易引发目标受众的互动与购买行为。

2. 新媒体营销的方法

新媒体营销活动的开展离不开以下几种营销方法的使用。

（1）口碑营销。口碑营销是指企业在调查市场需求的前提下，为消费者提供所需的产品和服务，同时制订口碑推广计划，让消费者自动传播企业产品和服务良好的评价，让人们通过口碑了解产品、服务，最终达到销售产品和提供服务的目的。

新媒体平台自身所具备的双向互动的属性，决定了新媒体营销活动可以让目标受众主动分享产品的使用感受，从而促使更多的目标受众了解产品和服务，最终形成良好的口碑，实现销售产品和树立企业形象的基本目标。

（2）饥饿营销。饥饿营销是指商品提供者利用买卖双方的信息不对称，有意调低产量，以期达到调控供求关系、制造供不应求的"假象"、维护产品形象并维持商品较高售价和利润率等目的的营销策略。

在网络环境下，买卖双方的信息虽然有很大程度的透明度，但买卖双方仍处于信息不对称的状态，这就为企业利用新媒体平台开展饥饿营销活动奠定了基础。

（3）知识营销。知识营销是指通过有效的知识传播方法和途径，将企业所拥有的对用户有价值的知识传递给潜在用户，使其逐渐形成对企业品牌和产品的认知，最终将潜在用户转化为用户的过程和各种营销行为。

通过新媒体平台，企业可以迅速发现目标受众最需要的知识内容，并及时提供给目标受众，从而使其对企业产生信任感，并以此为基础拓展忠实受众群。

（4）情感营销。情感营销是指从消费者的情感需要出发，唤起或激起消费者的情感需求，引发消费者的共鸣。在情感消费时代，消费者购买商品所看重的已不是商品数量的多少、质量好坏以及价格的高低，而是一种情感上的满足，一种心理上的认同。

企业通过在微博、微信朋友圈、微信公众号等新媒体平台上发表情感类软文，引起目标受众的共鸣，从而能在满足目标受众情感需求的同时，为企业带来效益。

（5）软文营销。软文营销是指通过特定的概念诉求，以摆事实讲道理的方式使消费者走进企业设定的"思维圈"，以强有力的针对性心理引导迅速实现产品销售的文字模式。从本质上来说，它是企业软性渗透商业策略在广告形式上的实现，通常借助文字表述与舆论传播使消费者认同某种概念、观点和分析思路，从而达到宣传企业品牌、销售产品的目的。

（6）事件营销。事件营销是指企业通过策划、组织和利用具有新闻价值、社会影响及名人效应的人物或事件，吸引媒体、社会团体和消费者的兴趣与关注，以求提高企业或产品的知名度和美誉度，从而树立良好的品牌形象，并最终促成产品或服务销售的一种营销方法。

简单地说，事件营销就是把握新闻的规律，制造具有新闻价值的事件，并通过具体操作使新闻事件得以传播，从而达到广告效果的一种营销方法。

事件营销是国内外十分流行的一种公关传播与市场推广手段，集新闻效应、广告效应、公共关系、形象传播、客户关系于一体，为新产品推介、品牌展示创造机会，从而快速提升品牌的知名度与美誉度。

（7）互动营销。在互动营销中，互动的双方一方是消费者，另一方是企业。只有抓住共同利益点，找到巧妙的沟通时机和方法才能将双方紧密地结合起来。

互动营销的方式有两种：一种是由企业的公关事件引发话题，使广大目标受众产生共鸣，并积极响应，与企业共同推动公关事件产生轰动效应，此方式是公关事件成功的主要方式；另一种是通过提出一个与人们传统价值观念或习惯对立的活动或话题，引起人们的批判与讨论，从而将公关事件产生的效果扩大化。

 相关链接

互动营销的特点与应用

一、互动营销的特点

1. 互动性

互动营销主要强调的是商家和网友之间的互动。一般是通过前期的策划，针对某一话题，营销公司作为幕后推手开始引导，接着网友就参与其中，这是比较常规的互动。互动性是互动营销发展的关键，在企业营销推广的同时，更多信息应该融入目标受众感兴趣的内容之中。认真回复网友的留言，用心感受网友的思想，更能唤起网友的情感认同。这就像是朋友之间的交流一样，时间久了会产生一种微妙的情感连接，而非利益连接。

2. 舆论性

互动营销主要是通过网民之间的互动，间接或直接地对某个产品产生了正面的或者负面的评价。但其中舆论领袖也在彰显其重要地位，因为名人效应对消费者的影响力巨大，在市场竞争日益激烈的情况下，舆论领袖对企业品牌口碑的作用在未来依然不可小觑。

3. 热点性

互动营销有两种模式：一种是借助热点事件，另一种是自己制造事件。要想通过事件引起网民的关注，那么无疑需要抓住网民内心的需求，也就是网民上网喜欢做的事情，或者他们比较感兴趣的事情。

4. 营销性

互动营销一般都是为了达到某种营销目的而进行的炒作和互动。一般都是营销公司借助互动营销来帮助商家宣传品牌或者促进产品的销售。

二、互动营销的应用

1. 一"网"情深的体验营销

互联网所形成的网络存在很多可以让商家与消费者直接对接的体验接触点。这种对接主要体现在浏览体验、感官体验、交互体验、信任体验上。通过上述的体验活动能给消费者充分的想象空间，最大限度地提升消费者参与和分享的兴趣，提高消费者对品牌的认同。

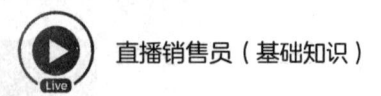

2. 网聚"同质"的社区营销

互联网以社区为基层活动场所。网友大都参加了不同社区，且参与程度高、互动性强、主题明确。具有心理归属感的互联网社区便于商家向网友传达品牌信息，尤其是网友间口碑传播的力量使得品牌传播效果已不仅仅是单个的累加，而是以几何级数增长。市场调查显示：77%的在线购物者会参考其他网友所写的产品评价，而这些人往往对网站拥有更高的忠诚度；超过90%的商家相信，网友推荐是购物者是否购买的非常重要的影响因素。

3. 思想交流的博客营销

博客是电子商务时代的新产物，现代人写博客成为一种时尚，个体写、社团写、企业也写。于是，企业博客便成为企业营销的手段之一。博客营销需要解决的是各种客户问题。具体而言，五种意识必须贯穿博客营销的始终，即形象意识、传播意识、服务意识、共存意识和竞争意识。通过与博友交流互动，表达明确的利益诉求，以达到品牌推广、产品营销的目的，这就是博客营销。

4. 从点到面的"病毒式"营销

通过制作一个有趣的图解，引起人们饶有兴趣地研究，使得图解在互联网上迅速流传开来，让很多人看后当即就有亲身体验的冲动，这就是所谓的"病毒式"营销。"病毒式"营销成功的条件包括有吸引力的"病原体"、几何级数的传播速度、高效率的接收。因此在运作时需把握以下几点：首先是提供有价值、有创意、有公共性话题的品牌信息；其次是寻找方便的品牌传播渠道；最后则是瞄准易感人群，选择有效的品牌信息传播平台。

（8）会员营销。会员营销是一种基于会员管理的营销方法，商家通过将普通顾客变为会员，分析会员消费信息，挖掘会员的后续消费力，并通过顾客口碑传播的方式，将一个顾客的价值实现最大化。

随着互联网技术的发展，尤其是互联网的普及，会员营销逐渐成为企业的必然选择。谁先建立会员营销体系，谁就将在激烈的市场竞争中处于优势地位。

3. 新媒体营销思维

在互联网时代，企业要想实现新媒体营销价值的最大化，首先必须具备新媒体营销思维。新媒体营销的常用思维包括互联网思维，全局、跨界思维，大数据思维以及共享经济思维。

（1）互联网思维。互联网思维是指在（移动）"互联网+"、大数据、云计算等科技不断发展的背景下，对市场、用户、产品、企业价值链乃至整个商业生态进行重新审视的思维方式。这里的互联网,不单指桌面互联网或移动互联网,而是泛互联网,因为未来的网络形态一定是跨越各种终端设备的。

1)互联网思维是相对于工业化思维而言的。工业化时代的标准思维模式是大规模生产、大规模销售和大规模传播,这也是工业化时代企业的"三位一体"经营模式;而在互联网时代,随着信息技术的迅猛发展,消费者获得的信息越来越多,"三大"经营模式已经不能完全满足消费者的个性化需求。互联网思维打破了工业化时代的"三大"思维,将产品和服务做到精细化、精准化。因此,互联网时代的标准思维模式是小批量、多批次的精细化生产,精准的传播和销售。

2)互联网思维是一种商业民主化的思维。工业化时代稀缺的是资源和产品,资源和生产能力被当作企业的竞争力,生产者往往在交易过程中占据主导地位;而互联网时代下的产品更多的是以信息的方式呈现,消费者同时成为媒介信息和内容的生产者及传播者,即生产者和消费者的权利发生了转变,消费者在交易过程中的主导地位越来越明显。因此,互联网思维是以消费者需求为主的民主化思维,消费者可以更加自主地选择自己所需要的产品和服务。

3)互联网思维是一种用户至上的思维。传统企业虽然也一直强调"用户至上、产品为王",但很难落实到行动上,更多的企业仍习惯性地站在自己的角度考虑问题,并没有完全将用户的需求当作企业自身的需求;而在互联网时代,对于企业是否真正做到了"用户至上",消费者可以通过更多的渠道去发表自己的意见和看法,这就使得企业必须正视自身存在的问题,将消费者的需求确确实实地放在首位,把"用户至上"的思维贯彻到企业生产经营活动中去。

4)互联网思维下的产品和服务是一个有机的生命体。互联网时代下,消费者的需求是分散的、个性化的,除基本的产品功能需求外,还有展示其品味,享受企业优质服务等更高层次的需求。这样,消费者的需求就不像单纯的功能需求那样简单和直接,企业要想充分把握消费者的需求,就必须根据消费者的反馈,不断地对产品进行精益求精的更新和迭代,将产品和服务有机地结合起来,使目标消费者成为企业的忠实粉丝。

5)互联网思维下的产品自带了媒体属性。互联网思维下的产品就是"极致的产品性能"和"强大的情感诉求"的综合体,而这样的产品本身就自带传播属性。企业为消费者提供了优质的服务,消费者就会自主地将这种情感诉求在新媒体平台上表达出来,从而吸引更多目标受众的关注和购买。因此,互联网思维下的产品推广,不是简单的"打广告",而是需要得到广大目标受众的认同,这样才会形成口口相传的传播模式。

6）有互联网思维的企业组织一定是扁平化的。工业化时代下的企业强调的是"大而全"的等级分明的企业构架，这样更利于企业的生产和经营；而互联网时代下的企业更讲究"小而美"的企业构架，因为互联网思维强调开放、协作、分享，企业老板和员工之间、员工和消费者之间是一种互惠互利的平等合作关系。因为只有在扁平化的企业组织构架下，信息才能以更快速、更便捷、更有效的方式进行传递，并且能有效地减少信息传递过程中的失真现象。

（2）全局、跨界思维。全局思维就是战略思维。具体来说，全局思维就是从实际出发，正确处理全局与局部、未来与现实的关系，并抓住主要矛盾制定相应规划，为实现全局性、长远性目标而进行的思维。跨界思维，就是多角度、多视野地看待问题，从而提出解决方案的一种思维方式。它不仅代表着一种时尚的生活态度，更代表着一种新锐的思维特质。在互联网时代，企业的经营必须从全局战略的高度和跨界融合的角度，思考如何将自身的优势与新媒体平台的优势充分结合，从而提高企业可持续发展的竞争力。

1）全局和跨界思维要求前瞻性。在互联网时代，企业在经营管理活动中，更加需要从全局和长远利益出发，牢牢把握科技发展带来的机遇。就好像数字成像技术对传统成像技术带来的冲击，间接造成老牌相机胶片生产企业柯达黯然退出市场；移动互联技术的发展和微信等新媒体的诞生，改变了人们的沟通模式。企业要想不被残酷的竞争淘汰，个人要想跟上社会前进的步伐，就必须用全局的思维掌握主动权，用跨界的思维大胆探索。

2）全局和跨界思维要求融合性

①企业与消费者之间的融合。通过融合消除信息不对称，破除时间限制，以平等的去中心化传播方式，拉近企业与消费者的关系，获取消费者的信任。

②企业与企业之间的融合。一方面，跨界的双方要通过融合构建新的联系，寻找新的合作场景。例如，某代驾公司与酒吧、啤酒厂商合作，就是针对酒后代驾的使用场景。另一方面，跨界的双方要通过共享客户、渠道等数据资源，实现营销协同和产业链互补。例如，某米与某滴出行合作，可弥补某米因产业链不完善而丢失的来自社区的潜在用户，也尝试了"移动电商+物流配送"的模式。

③企业与媒体的融合。在这个自媒体盛行的时代，当一个企业或产品拥有了海量用户时，该企业或产品本身就成了一个极具号召力的自媒体，并形成与用户连接的渠道。成为自媒体的企业或产品，将固化用户消费和支付的习惯，增强用户黏性，也能为合作企业的品牌开发出新的销售渠道和流量入口。

（3）大数据思维。大数据是指在一定时间内无法用传统数据管理方法（如数据库管理软件工具）对内容进行抓取、收集、管理、分析处理的数据集合。从技术的角度来看，大数据是指大数据挖掘技术、云计算技术、移动互联网技术、数据技术等一系列收集数据、分析数据、处理数据的技术的集合。从产业的角度来看，大数据是指通过其在商业领域的运用，使企业能够充分了解目标受众的需求，生产出满足消费者个性化需求的产品和服务，从而实现商业领域的革命性变革。一讲到大数据，通常都会提到 5 个 V：规模性（Volume）、高速性（Velocity）、多样性（Variety）、价值性（Value）、真实性（Veracity）。然而，这些只是对大数据在互联网时代超高速增长现象的描述。大数据真正的意义和价值是它改变了我们的思维方式。在大数据时代，所有能产生数据的应用都有价值，也就是数据有价值，即可根据用户行为进行更精准的营销，甚至产生新的价值。

1）大数据思维注重相关性。大数据思维不是从某个人的思维框架出发，而是让海量数据产生碰撞，寻找相关性，先看到结果再分析原因。这就冲破了原有思维框架的局限。例如，某家零售商在对海量的销售数据处理中发现，每到星期五下午，啤酒和婴儿纸尿裤的销量同时上升。通过观察发现，星期五下班后很多青年男子要买啤酒，而这时妻子又常打电话提醒丈夫在回家路上为孩子买纸尿裤。发现这个相关性后，这家零售商就把啤酒和纸尿裤摆在一起，方便年轻爸爸的购物，大大提高了销售额。

2）大数据思维是"以大见小"。大数据思维就是从纷繁复杂的海量数据中，甄别分析出人们所需要的数据。因此，大数据的核心就是预测，大数据能够预测体现在很多方面。大数据不是要教机器像人一样思考，相反，它是把数学算法运用到海量的数据上来预测事情发生的可能性。在大数据规律面前，每个人的行为都跟别人一样，没有本质区别，所以商家会比消费者更了解消费者的行为。

（4）共享经济思维。借助互联网，消费者不但可以轻松地找到他们所需的商品，还可以将自己闲置的资源与他人共享，从而赚取一些收入。其实共享经济的概念并非是最近才出现的，而是借助数字技术的发展，被如今的消费者利用互联网带到了一个新的高度。从最早的二手资源（拍卖网站），到闲置汽车的共享、闲置房子的共享等，未来这种凡事皆可出租的新经济即为共享经济。传统企业和消费者之间的界限正在不断弱化，人们开始逐渐放弃传统的商品购买方式和服务，转而在互联网上寻找商品共享服务，用这种更加方便、高效而且价格低廉的新方式来满足自己的需求。共享经济思维就是指本着互惠互利的原则，将社会资源的价值最大化地利用起来，实现共享双方利益的最大化。

1）商业变革：用户是商业实现和成功的前提。商业变革源于经济发展诉求，而经济发展源于市场需求。对于互联网企业，尤其是移动互联网企业来说，要思考的只有三点：用户是谁？企业能为用户带来什么价值？途中会遇到什么壁垒？至于商业模式，无非是广告、增值服务和电商。只有赢得了用户，才能赢得市场。

2）服务变革：需要从根本上提升产品和服务质量。共享经济的出现，对应的是市场的需求缺口。而推广共享经济的最大挑战则是用户消费习惯的培养。虽然有市场需求在驱动共享经济，但如果无法尽快培养用户的消费习惯，建立其对共享经济相应服务品牌的信任与好感，共享经济就很难普及。而若要培养用户的消费习惯，企业需要从根本上提升移动互联网的产品和服务质量。

3）技术变革：需求为本，技术驱动。共享经济是在调研用户需求的基础上，实现产品和服务的优化。其中，技术便是最重要的驱动力。以技术为驱动，创造出符合需求的产品和服务，才能获得用户的认可。互联网以及移动设备的普及，为共享经济提供了一个绝佳的温床。未来的"营销4.0"会涉及大数据深度应用，营销的人工智能化，工业制造的深度融合，全新的内容交互模式，人与机器、机器与机器的互联等各个方面。概括来讲，就是"营销4.0"包括"大数据应用""人工智能""VR/AR"以及"工业4.0"这些方面。其中，"营销4.0"的"VR/AR"会采用全新的虚拟现实技术，因此必将引发下一次的屏幕革命。业界也称，以"营销4.0"计划为首的三大营销计划将为营销插上人工智能的翅膀。

二、新媒体营销市场发展趋势

1. 新媒体将成为未来营销活动主阵地，营销比重将继续加大

与传统媒体相比，新媒体双向传播的特点使得用户之间的互动性更强，便于及时得到效果反馈。在利用新媒体平台进行营销活动时，有助于建立品牌与用户之间的情感联系，能有效刺激用户的购买欲望，营销达到的效果也更易于评估。新媒体用户规模不断扩大，覆盖用户以消费力强劲的中青年群体为主。新媒体平台潜在的影响力提供了巨大的营销价值，新媒体营销将成为未来营销模式的主流，各行业将继续加大在新媒体营销上的投入。

2. 新媒体营销广告的用户接受度逐渐提高，内容的真实性和趣味性将成为发展要点

新媒体用户对新媒体营销的态度更加宽容。随着新媒体的普及和新媒体营销案例的增多，用户对于新媒体营销的接受度逐渐提升。未来，广告内容的趣味性或将成为其是否能有效传达产品信息以及触动用户的主要因素。另外，真实性也将成为新媒体营销广告的另一关键点，如何在保证真实性的基础上深耕内容创作将是新媒体营销未

来的发展方向。

3. 5G 助推视频行业发展，短视频或将成为未来新媒体营销主流

随着 5G 行业的进一步发展，直播行业和短视频行业或将迎来新的发展良机。在新媒体营销方面，视频展示所具有的直观全面、即时性、交互性强的特点与企业营销的目的更加契合。同时，随着大数据及人工智能技术的进一步应用，视频类营销将实现更高的精准性和互动性，有效提升营销效果。未来，短视频营销有望进一步得到企业青睐，成为新媒体营销的主流方式。

4. 新媒体营销的行业环境待净化，数据透明化促进市场健康发展

数据、流量是衡量营销效果的核心。然而买粉、买赞、刷评论等行为扰乱了营销效果的评估，数据掺水、流量泡沫的存在使得营销价值的衡量容易出现偏差。随着科技的发展，数据分析过程已经能够成功识别部分数据造假情况，推进新媒体营销相关数据的公开透明将有利于市场的健康发展。

第三节　直播营销

一、直播营销的发展背景

当前，图、文、音频、视频已不能满足受众的视听需求，而即时性、互动性、可视化的视频直播能塑造消费场景的真实性，使消费者花最少的时间和成本获取到最真实的信息。图、文、音频、视频后出现了第五大传播媒介——直播。

1. 移动网络提速和智能设备的普及

目前，像 ×× 直播这样完全诞生在移动互联网时代的视频直播 App 开始大量涌现，并受到资本市场的关注。由于移动网络速度的提升及流量资费的降低，视频直播比以往更加流畅。更为重要的是，由于智能手机和无线网络的普及，让人们可以直接通过智能手机拍摄上传视频，这就使得视频直播能够选择更多的场景，从而让企业有了全新的营销机会，可以随时随地、更加立体地展示企业文化、发出企业声音，而不再仅仅依靠微博和微信。

2. 企业需要更立体的营销平台

在过去几年，很多企业、政府机构已经在微博、微信开通账号，作为企业品牌营销和文化传播的标配。不过，这些传播主要还是以图文为主，在微信上的传播方式还要更多一些，但这还远远不够。图文始终不够立体，用户看到的都是静止的画面，并且在如今这个信息泛滥的时代，单纯的文字传播很可能被忽略。而视频直播的兴起，正好弥补了企业进行营销传播时的不足，除微博、微信之外，多了一个更为立体生动的营销阵地。

3. 网友看视频、玩视频习惯的养成

无论是移动互联网时代的机遇也好，还是企业营销的需求驱动也罢，这一切最重要的根基是用户愿意在这个平台上"玩耍"。越来越多的人愿意在视频平台上花费时间创造内容和浏览内容，这都得益于用户习惯的培养完成。

二、直播营销的特点

1. 即时事件

由于直播完全与事件的发生、发展进程是同步的，因此可以第一时间反映现场状态。无论是晚会节目的最新投票、体育比赛的最新比分，还是新闻资讯的最新进展，都可以直接呈现。

2. 常用设备

收听或观看直播通常无须专门购买昂贵的设备，使用智能手机、计算机、电视机等常用设备即可了解事件的最新进展。也正是因为这一点，受众之间的相互推荐变得更加方便，从而更有利于直播的传播。

3. 直达受众

与录播节目相比，直播节目不会做过多的剪辑与后期加工，所有的现场情况能直接传达给受众。因此，直播节目的制作方或主办方需要花更多的精力去策划直播流程并筹备软件、硬件，否则一旦出现失误，将直接呈现在受众面前，从而影响制作方或主办方的品牌形象。

三、直播营销的优势与风险防范

1. 直播营销的优势

借助直播营销，企业可以在呈现产品价值环节支付更低的营销成本，收获更快捷的营销覆盖；在价值交换环节实现更直接的营销效果，收到更有效的营销反馈。

（1）更低的营销成本。直播营销对场地、物料等的需求较少，是目前成本较低的

营销形式之一。

（2）更快捷的营销覆盖。消费者在网站浏览产品图文或在网店查看产品参数时，需要在大脑中自行构建场景。直播营销完全可以将主播试吃、试玩、试用等过程直观地展示在消费者面前，从而更快捷地将消费者带入营销所需的场景。

（3）更直接的销售效果。消费者在购买商品时往往会受到环境的影响，如由于"看到很多人都下单了""感觉主播使用产品效果不错"等原因而直接下单。因此，在设计直播营销时，企业可以重点策划主播台词、优惠政策、促销活动，同时反复测试与优化在线下单页面，以收获更好的销售效果。

（4）更有效的营销反馈。由于直播互动是双向的，主播将直播内容呈现给消费者的同时，消费者也可以通过弹幕的形式分享体验。因此，企业借助直播，一方面，可以收到已经用过产品的消费者的使用反馈；另一方面，可以收获消费者的观看反馈，便于下一次直播营销时进行修正。

2. 直播营销的风险防范

由于直播是直接将现场情况呈现在受众面前，没有剪辑与后期加工，因此企业在进行直播营销策划之前，必须先做好风险防范。否则一旦出现失误，不但无法达到企业的营销目的，反而会损害企业的品牌形象。

（1）环节设置。策划直播活动时，要对环节设置反复演练，尤其是转发抽奖、扫码领红包等环节，要防止福利被恶意领取，引发弹幕争议。

（2）软硬件测试。为了达到最佳的直播效果，需要熟悉直播软件的使用及各环节软硬件的配合，防止误操作；需要对网站、服务器进行反复测试，防止由于大批网友涌入而造成服务器瘫痪。

（3）主持词审核。企业必须对主持词进行严格审核，避免出现违反相关规定的情况。尤其是涉及政治、赌博、暴力、色情等内容的词语，必须删除。错误的主持词不但会影响企业口碑，更有可能触犯法律。

（4）弹幕监控。直播平台可设置"房管"来监督网友弹幕。对于利用弹幕发布低俗、过度娱乐化、宣扬拜金主义、崇尚奢华相关内容的，直接禁止其发言；对于情节严重的，可以将其发言截图保存，移送公安机关处理。

（5）侵权检查。企业直播营销通常需要物料支持，包括背景板、贴图、玩偶、吉祥物等。此类物料在直播前必须仔细检查，防止涉及版权保护的纠纷出现。

（6）平台资质。未持有"信息网络传播视听节目许可证"的机构不允许利用直播平台开办各类视听节目，不得开办视听节目直播频道。因此，企业在直播营销前必须检查直播平台资质。

第四章

音视频制作与剪辑

第一节 音频制作

一、音频基本知识

1. 音频的含义

音频是专业术语，常指人类能够听到的所有声音（包括噪声等），也指存储声音内容的文件。

任何人们可以听见的声音，都是经过音频线或话筒传输的一系列模拟信号。而数字信号就是用数字记号（其实只有二进制的 1 和 0）来记录声音，而不是用物理方式（用普通磁带录音就是一种物理方式）来保存信号，人们实际上听不到数字信号。数码音频是人们保存声音信号、传输声音信号的一种方式，它的特点是信号不容易损失。

2. 常用的音频参数

数码音频文件主要有两个描述指标：一个是采样频率，或称采样率；另一个是采样精度，也就是比特率。这是数码音频制作中十分重要的两个概念。

（1）采样频率。采样频率是指录音设备在 1 s 内对模拟信号的采样次数。采样频率越高，声音的还原就越真实自然。数字信号就是在原有的模拟信号波形上每隔一段时间进行一次取点，赋予每一个点以一个数值，这就是采样。然后把所有的点连起来就可以描述模拟信号了，很明显，在一定时间内取的点越多，描述出来的波形就越精确，这个尺度就称为采样频率。最常用的采样频率是 44.1 kHz，即每秒取样 44 100

次。之所以使用这个数值，是经过了反复的实验后发现这个采样频率最合适，低于这个数值时就会有较明显的损失；而高于这个数值时，人的耳朵已经很难分辨声音，而且增大了数码音频所占用的空间。一般为了达到"万分精确"，人们还会使用 48 kHz 甚至 96 kHz 的采样频率，目前 44.1 kHz 和 48 kHz 都是非常通行的采样标准。

（2）比特率。比特率是指每秒传送的比特（bit）数，单位为 bps（bit per second），也可表示为 b/s。比特率越高，单位时间传送的数据量（位数）越大。计算机中的信息都用二进制的 0 和 1 表示，其中每一个 0 或 1 称为一个位，用 b 表示，即 bit（位）。B 表示 Byte，即字节，1 个字节 = 8 个位，即 1 B = 8 b。一般使用千字节（KB）来表示文件的大小。声音有轻有重，影响声音轻重的物理要素是振幅。作为数码录音，也必须要能精确地表示乐曲的轻重，所以一定要对波形的振幅有一个精确的描述，比特（bit）就是这样一个单位。16 比特是指把波形的振幅划为 2^{16}（即 65 536）个等级，再根据模拟信号的轻重把它划分到某个等级中去，就可以用数字来表示了。和采样频率一样，比特率越高，越能细致地反映乐曲的轻重变化。

3. 常见的音频格式

音频格式是指要在计算机内播放或进行处理的音频文件，是对声音文件进行数模转换的过程。音频格式最大带宽是 20 kHz，采样频率介于 40～50 kHz 之间。常见的音频格式有以下几种。

（1）CD。光盘（compact disc，CD）的格式是音质较高的音频格式。在大多数播放软件的"打开文件类型"中，都可以看到 *.cda 文件。标准 CD 文件的采样频率是 44.1 kHz，比特率为 1 411 kbps。CD 可以用 CD 唱机播放，也能用计算机里的各种播放软件播放。CD 文件是 *.cda 文件，这只是一个索引信息，并不包含真正的声音信息，所以不论 CD 音频的长短，在计算机上看到的 *.cda 文件都是 44 字节。注意：不能直接复制 CD 格式的 *.cda 文件到硬盘上播放，需要使用像 EAC（exact audio copy）这样的抓音轨软件把 CD 文件转换成 WAVE 文件，如果光盘驱动器质量过关且 EAC 参数设置得当的话，这个转换过程可以说基本上是无损转换。

（2）WAVE。WAVE（*.wav）是微软公司开发的一种音频文件格式，用于保存 Windows 平台的音频信息资源，被 Windows 平台及其应用程序所支持。WAVE 支持多种压缩算法，支持多种音频位数、采样频率和声道。标准 WAVE 文件和 CD 文件一样，也是 44.1 kHz 的采样频率，比特率为 1 411 kbps。WAVE 文件质量和 CD 文件相差无几，也是个人计算机上广为使用的音频文件格式，几乎所有的音频编辑软件都能识别 WAVE。

（3）AIFF。音频交换文件格式（audio interchange file format，AIFF）是苹果公司

开发的一种音频文件格式,被 Macintosh 平台及其应用程序所支持。AIFF 的特点就是格式本身与数据的意义无关,也因此受到了微软公司的青睐。由于 AIFF 的包容特性,所以它支持许多压缩技术。由于苹果牌计算机多用于多媒体制作、出版行业,因此几乎所有的音频编辑软件和播放软件都或多或少地支持 AIFF 格式。只要苹果牌计算机还在,AIFF 就始终占有一席之地。

(4) MPEG。动态图像专家组(moving picture experts group,MPEG)始建于 1988 年,专门负责为 CD 建立视频和音频压缩标准。MPEG 音频文件指的是 MPEG 标准中的音频部分,即 MPEG 音频层。MPEG 包含的格式有:MPEG-1、MPEG-2、MPEG-Layer3、MPEG-4。

(5) MP3。MP3(moving picture experts group audio layer Ⅲ)指的是 MPEG 标准中的音频部分,也就是 MPEG 音频层。根据压缩质量和编码处理的不同分为 3 层,分别对应 *.mp1、*.mp2、*.mp3 这三种音频文件。MP3 问世不久,就凭较高的压缩比(12∶1)和较好的音质创造了一个全新的音乐领域,然而 MP3 的开放性却不可避免地导致了版权之争。在这样的背景下,文件更小,音质更佳,同时还能有效保护版权的 MP4 应运而生。

(6) MIDI。乐器数字接口(musical instrument digital interface,MIDI)允许数字合成器和其他设备交换数据,因此常被音乐人使用。MIDI 文件并不是一段录制好的声音,而是通过记录声音的信息告诉声卡如何再现音乐的一组指令。这样一个 MIDI 文件每存储 1 min 的音乐只需 5~10 KB。MIDI 文件主要用于原始乐器作品、歌曲伴奏、游戏音轨以及电子贺卡等。MIDI 文件的最主要应用是在计算机作曲领域。MIDI 文件可以用作曲软件写出,也可以通过声卡的 MIDI 口把外接音序器演奏的乐曲输入到计算机里,制成 *.mid 文件。

(7) WMA。WMA(windows media audio)是微软公司推出的一种音频格式,音质强于 MP3。WMA 文件的可保护性极强,甚至可以限定播放器、播放时间及播放次数,具有相当强的版权保护能力。应该说,WMA 就是针对 MP3 没有版权限制的缺点而推出的。普通用户可能很喜欢 MP3,但作为版权拥有者的唱片公司更喜欢难以复制的音乐压缩技术,而 WMA 则考虑到了这些唱片公司的需求。除版权保护外,WMA 还在压缩比上进行了完善,它的目标是在相同的音质条件下,文件体积可以变得更小(当然,只在 MP3 低于 192 kbps 码率的情况下有效,实际上当采用 LAME 算法压缩 MP3 格式时,高于 192 kbps 时的普遍反映是 MP3 的音质要好于 WMA)。

(8) RA。RA(real audio)主要适用于在线音乐欣赏。RA 文件的特点是可以随网络带宽的不同而改变声音的质量,能够在保证大多数人听到流畅声音的前提下,令带宽较富裕的听众获得较好的音质。

（9）VQF。VQF文件的核心是通过减少数据流量但保持音质的方法来达到更高的压缩比。VQF的音频压缩率比标准的MPEG音频压缩率高出近1倍，可以达到18∶1左右甚至更高。也就是说，把一首4 min的歌曲（WAV格式文件）压成MP3文件，大约需要4 MB的硬盘空间；而同一首歌曲，如果使用VQF音频压缩技术的话，只需要2 MB左右的硬盘空间。因此，在音频压缩率方面，MP3和RA都不是VQF的对手。相同情况下压缩后的VQF文件体积比MP3小30%～50%，更便于在网络传播，同时音质极佳，接近于CD音质（16位44.1 kHz立体声）。*.vqf文件可以用雅马哈的播放器播放，同时雅马哈也提供了从*.wav文件转换到*.vqf文件的软件。

（10）Ogg Vorbis。Ogg Vorbis是一种新的音频压缩文件，它是完全免费、开放和没有专利限制的。Vorbis是这种音频压缩机制的名字，而Ogg则是一个计划的名字，该计划意图设计一个完全开放的多媒体系统。这种文件可以不断地进行音质的改良，而不影响旧的编码器或播放器。Vorbis虽然采用有损压缩，但通过使用更加先进的声学模型能够减少损失。

（11）AMR。AMR（adaptive multi-rate）是一种主要用于移动设备的音频格式，压缩比较大。相对于其他的压缩格式来说，AMR的音质比较差，但由于多用于人声通话，效果还是很不错的。

（12）APE。APE是一种流行的数字音乐文件。与MP3这类有损压缩方式不同，APE使用的是一种无损压缩音频技术。也就是说，当将CD上读取的音频文件压缩成APE文件后，还可以再将APE文件还原，而还原后的音频文件与压缩前的一模一样，没有任何损失。随着宽带的普及，APE受到了许多音乐爱好者的喜爱，特别是对于希望通过网络传输音频的朋友来说，APE可以帮助他们节约大量的资源。事实上，APE的压缩率并不高，虽然音质保持得很好，但是压缩后的容量相差不多。

（13）FLAC。无损音频压缩编码（free lossless audio codec，FLAC）是指音频以FLAC编码压缩后不会丢失任何信息，将FLAC文件还原为WAV文件后，与压缩前的WAV文件内容相同。FLAC文件的体积约等于普通CD的一半，并且可以自由地互相转换，所以它也是音乐光盘存储在计算机上的最好选择之一，它会完整地保留音频的原始资料，用户可以随时将其转换回CD，而音乐质量不会有任何改变。在播放当中，FLAC文件的每个数据帧都包含了解码所需的全部信息，中间的错误不会影响其他帧的正常播放，这也保证了它实用有效并具有极小的时间延迟。在国内市场，FLAC已经是与APE齐名的最常用的无损音频格式，并且它的编码技术原理使得它在未来拥有超过APE的巨大发展空间。

（14）AAC。高级音频编码（advanced audio coding，AAC）是由 Fraunhofer IIS、杜比实验室、AT&T 等公司共同开发的一种音频格式，它是 MPEG-2 规范的一部分。AAC 所采用的运算法则与 MP3 的运算法则有所不同，可通过结合其他功能来提高编码效率。AAC 的音频算法在压缩能力上远远超过了以前的大多数压缩算法。它能同时支持多达 48 个音轨，15 个低频音轨，更多种采样频率和比特率，具有多种语言的兼容能力及更高的解码效率。

二、音频处理

1. 音频媒体的数字化处理

随着计算机技术的发展，特别是海量存储设备和大容量内存在个人计算机上的应用，使音频媒体的数字化处理成为可能。数字化处理的核心是对音频信息的采样，即通过对采集到的样本进行加工以达成各种效果，这是音频媒体数字化处理的基本含义。

2. 音频编辑软件

声音媒体是人们最熟悉的信息传递方式，每个人在日常工作、生活和学习中都会或多或少地接触到声音媒体，如使用录音笔、MP3 等常用音频设备处理一些简单的录、放声音操作。当需要对声音进行编辑、合成等复杂的操作时，通常交由专门的设备来处理，这种设备一般称为音频工作站，其核心设备是计算机，因其处理的是数字音频信号，因此也称为数字音频工作站。实际上，随着计算机及多媒体技术的进步及硬件成本的不断下降，一台普通的多媒体计算机即可作为入门级的数字音频工作站使用。

（1）音频编辑软件的分类。音频编辑软件分为音乐制作类和数字音频制作类。音乐制作类是利用多媒体计算机进行音乐制作的软件，是当今最流行的音乐制作与处理软件之一。数字音频制作类是广播节目录制应用最多的软件，主要功能包括录音、混音、后期效果处理等，是以音频处理为核心，集声音记录、播放、编辑、处理和转换于一体的数字音频编辑软件，可以完成各种复杂和精细的专业音频编辑。在声音处理方面有均衡频率、效果处理、降噪等多项功能。

（2）音频编辑软件的功能。音频编辑软件可对 WAVE、MP3、MP2、MPEG、AVI、g721、g723、g726、VOX、RAM、PCM、WMA、CDA 等格式的音频文件进行处理。如剪切、复制、粘贴、多文件合并和混音等常规处理；对音频波形进行"反转""静音""放大""扩音""减弱""淡入""淡出""规则化"等常规处理，以及"混响""颤音""延迟"等特效处理；支持"槽带滤波器""带通滤波器""高通滤波器""低通滤波器""高频滤波器""FFT 滤波器"的滤波处理。

（3）常见的音频编辑软件。常见且较为典型的音频编辑软件有 Adobe Audition、Sonar、Vegas、Samplitude、Nuendo、Sound Forge、WaveCN、GoldWave、WaveLab 等，这些软件可分为单轨和多轨两大类。Sound Forge、WaveCN、GoldWave 和 WaveLab 属于单轨音频编辑软件，主要用于对单个音频文件进行处理，如均衡调节音量、声音降噪处理和效果处理等，甚至可以直接对音频文件进行编辑；Adobe Audition、Sonar、Vegas、Samplitude 和 Nuendo 则属于多轨音频编辑软件，可以把多个音频文件剪辑、合并为一个音频文件，从而创作出丰富多彩的音效作品。

第二节　视频制作

一、视频基本知识

1. 视频的含义

视频泛指将一系列静态影像以电信号的方式加以捕捉、记录、处理、储存、传送与重现的各种技术。根据视觉暂留原理，连续的图像变化每秒超过 24 帧画面以上时，人眼无法辨别单幅的静态画面，即看上去是平滑连续的视觉效果，这样连续的画面叫作视频。视频技术最早是为了电视系统的发展而产生的，但现在已经发展为各种不同的格式以便将视频记录下来。网络技术的发达也促使视频的记录片段以流媒体的形式存在于网络之上，并且可被计算机接收与播放。

2. 视频格式类别

（1）MPEG。MPEG 包括了 MPEG-1、MPEG-2 和 MPEG-4 在内的多种视频格式。MPEG-1 被广泛地应用在 VCD 制作和一些视频片段下载的应用上。大部分的 VCD 都是用 MPEG-1 格式压缩的（刻录软件自动将 MPEG-1 转为 DAT 格式），使用 MPEG-1 的压缩算法，可以把一部 120 min 的电影压缩到 1.2 GB 左右。MPEG-2 则是应用在 DVD 的制作上，同时在一些高清晰度电视（HDTV）和一些高要求的视频编辑、处理上也有相当多的应用。

（2）AVI。音频交错格式视频（audio video interleaved，AVI）是由微软公司推出的一种桌面系统上的低成本、低分辨率的视频格式，能实现视频和音频交织在一起进行

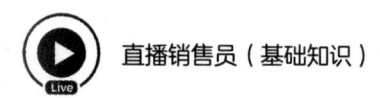

同步播放。它的一个重要特点是具有可伸缩性，性能依赖于硬件设备，优点是可以跨多个平台使用，缺点是占用空间大。

（3）ASF。高级串流格式（advanced streaming format，ASF）是由微软公司开发的一种可以直接在网上观看视频节目的文件压缩格式。ASF 使用了 MPEG-4 的压缩算法，压缩率和图像质量都很不错。因为 ASF 是以在网上即时观赏的视频流格式存在的，所以它的图像质量比 VCD 差，但比同是视频流格式的 RAM 格式要好。

（4）WMV。WMV（windows media video）是微软公司开发的一系列视频编码及格式的统称。WMV 的主要优点包括可扩充的媒体类型、本地或网络回放、可伸缩的媒体类型、流的优先级化、多语言支持、扩展性等。

（5）n AVI。n AVI（new AVI）是由微软公司的 ASF 压缩算法演变而来的。视频格式追求的无非是压缩率和图像质量，所以 n AVI 为了追求这个目标，改善了原始 ASF 的一些不足，让 n AVI 可以拥有更高的帧率。可以说，n AVI 是去掉视频流特性的改良型 ASF。

（6）DivX。DivX 是由 MPEG-4 衍生出的视频编码（压缩）标准，即通常所说的 DVDrip 格式。它在采用 MPEG-4 压缩算法的同时又综合了 MPEG-4 与 MP3 各方面的技术，也就是使用 DivX 压缩技术对 DVD 格式的视频图像进行高质量压缩，同时用 MP3 对音频进行压缩，然后再将视频与音频合成并加上相应的外挂字幕文件而形成的视频格式，其画质直逼 DVD，但体积却极小。这种编码对机器的要求也不高，所以 DivX 视频编码技术可以说是一种对 DVD 造成巨大威胁的新生视频压缩格式，号称"DVD 杀手"或"DVD 终结者"。

（7）RMVB。RMVB 是一种由 RM 格式升级延伸出的新视频格式，它的先进之处在于打破了 RM 格式的平均压缩采样方式，在保证平均压缩比的基础上合理利用比特率资源。也就是说，静止和动作场面少的画面场景采用较低的编码速率，这样可以留出更多的带宽空间，从而在出现快速运动的画面场景时被充分利用。这样在保证了静止画面质量的前提下，大幅度地提高了运动图像的画面质量，从而使图像质量和文件大小之间达到了微妙的平衡。另外，相比于 DVDrip，RMVB 有着较明显的优势，如一部大小为 700 MB 左右的 DVD 影片，如果将其转录成同样视听品质的 RMVB 文件，其大小最多为 400 MB 左右。不仅如此，这种视频格式还具有内置字幕和无须外挂插件支持等优点。

（8）FLV。FLV（flash video）是在 Sorenson 公司的压缩算法的基础上开发出来的视频格式。由于它形成的文件极小、加载速度极快，使得在线观看视频文件成为可能。它的出现有效地解决了导入 Flash 后的视频文件体积庞大，不能在网络上很好的应用等缺点。

（9）F4V。F4V 是继 FLV 格式后，Adobe 公司为了迎接高清时代而推出的支持 H.264 编码的流媒体格式。它和 FLV 的主要区别在于，FLV 采用的是 H.263 编码，而 F4V 则支持 H.264 编码的高清晰视频，码率最高可达 50 Mbps。

目前，主流的视频网站都开始采用 H.264 编码的 F4V 文件，因为在文件大小相同的情况下，其清晰度明显比 H.263 编码的 FLV 文件要好。

（10）MP4。MP4 是一种描述较为全面的多媒体容器格式，被认为可以在其中嵌入任何形式的数据，包括各种编码的视频、音频。不过人们常见的大部分 MP4 文件为 AVC（H.264）或 MPEG-4 编码的视频和 AAC 编码的音频。MP4 文件后缀名是 MP4，还有其他的以 MP4 为基础进行的扩展或者是缩水版本的格式，包括 M4V、3GP、F4V 等。

二、视频拍摄基础

景别是通过视觉产生的。不同的景别会产生不同的艺术效果，一部电影的影像就是将能够产生不同艺术效果的景别组合在一起的结果。景别可具体划分为以下几种。

1. 远景

远景一般用来表现远离摄影机的环境的全貌，能够展示人物及其周围广阔的空间环境，以及自然景色和群众活动的大场面。它相当于从较远的距离观看景物和人物，视野宽广，背景占主要地位，人物较小。画面给人以整体感，细节却不甚清晰。

远景通常用于介绍环境，抒发情感。在拍摄外景时常常使用这样的镜头，可以有效地表现雄伟的峡谷、豪华的庄园、广阔的丛林，也可以表现现代化的工业区或人口密度高的居民区。

2. 全景

全景用来表现场景的全貌与人物的全身动作，在电视剧中常用于表现人物之间、人与环境之间的关系。全景画面能够表现人物全身，体型、衣着打扮、身份交代的比较清楚，环境、道具看得明白。在电视剧、电视专题、电视新闻中全景镜头不可缺少，大多数节目的开端、结尾部分都采用全景或远景。而相比于远景画面，全景更能够展示出人物的行为动作、表情相貌，也可以从某种程度上来表现人物的内心活动，因而在各类影视片中被广泛地应用。

全景画面中包含了整个人物的形貌，既不像远景那样由于细节过小而不能很好地观察，又不像中景、近景那样不能展示人物全身的形态动作。因此，在叙事、抒情和阐述人物与环境关系的功能上，起到了独特的作用。

3. 中景

画框底边大概位于膝盖部位，或场景局部的画面称为中景。但一般来说，画面不会正好卡在膝盖部位，因为卡在关节部位是摄像构图中比较忌讳的，如脖子、腰、腿关节、脚关节等。中景和全景相比，景物的包容范围有所缩小，环境处于次要地位，重点在于表现人物的上身动作。中景画面为叙事性的景别，因此在影视作品中所占比重较大。处理中景画面时要注意避免直线条式的死板构图，拍摄角度、演员调度和姿势要讲究，避免构图单一死板。

中景是叙事功能最强的一种景别。在包含对话、动作和情绪交流的场景中，中景景别最有利于表现人物之间、人物与周围环境之间的关系。中景的特点决定了它可以更好地表现人物的身份、动作，多人时可以清晰地表现人物之间的关系。

4. 近景

画面拍到人物胸部以上，或物体的局部称为近景。近景能清楚地看到人物的细微动作，是人物之间进行感情交流的景别；近景着重表现人物的面部表情，传达人物的内心世界，是刻画人物性格最有力的景别。这种景别适应电视屏幕小的特点，在电视摄像中用得较多，因此也有人说电视是近景和特写的艺术。近景产生的接近感，往往给观众留下深刻的印象。

由于采用近景时人物面部看得十分清楚，故人物面部缺陷在近景中得到突出表现，这就要求在造型上要细致，化妆、服装、道具都要十分逼真和生活化。而近景中的环境则退于次要地位，画面构图应尽量简练。为避免杂乱的背景抢夺视线，常用长焦镜头拍摄，利用景深小的特点虚化背景。近景人物一般只有一人做画面主体，其他人物往往作为陪衬或前景处理。

由于近景画面视觉范围较小，观察距离相对更近，人物和景物的尺寸足够大，细节比较清晰，所以非常有利于表现人物的表情神态，其他部位的细微动作以及景物的局部状态，这些是大景别画面所不具备的功能。

5. 中近景

在创作中，人们经常把介于中景和近景之间的表现人物的画面称为中近景。中近景画面主要表现人物腰部以上的部分，所以有的时候又把它称为"半身镜头"。这种景别不是常规意义上的中景和近景，在一般情况下，处理这样的景别时，除以中景作为依据外，还要充分考虑人物神态的表现。正是由于它能够兼顾中景的叙事和近景的细节表现功能，所以在各类电视节目的制作中越来越多地被采用。

6. 特写

画框底边在成人肩部以上，或其他被摄对象的局部画面称为特写。在特写镜头中被摄对象充满画面，比近景更加接近观众。特写镜头能提示信息、营造悬念，细微地表现人物面部表情，刻画复杂的人物关系，它具有生活中不常见的特殊视觉感受。特写主要用来描绘人物的内心活动，背景则处于次要地位，甚至可以消失。由于特写镜头具有强烈的视觉感受，因此不能滥用，要用得恰到好处，才能起到画龙点睛的作用。滥用会使人厌烦，反而会削弱它的表现力，尤其是脸部大特写（只含五官）更应该慎用。

由于特写画面视角最小，视距最近，画面细节最突出，所以能够最好地表现对象的线条、质感、色彩等特征。特写画面能够把物体的局部放大，并且在画面中呈现其单一的物体形态，使观众不得不把视觉集中，近距离仔细观察，从而有利于细致地表现景物，也更易于被观众接受。另外，由于观众不易观察出特写画面中对象所处的环境，所以可以利用这样的画面来转化场景和时空，避免不同场景直接连接在一起时产生的突兀感。

7. 大特写

大特写是指画框中仅包含人物面部的局部，或突出某一拍摄对象的局部。在特写镜头的基础上，如果把摄影机推得更近，让拍摄对象的局部充满画面就称为大特写镜头。大特写的作用和特写是相同的，只不过具有更加强烈的艺术效果。

三、视频拍摄设备

对于没有视频拍摄经验的直播团队，建议选用智能手机进行拍摄，在条件允许的情况下也可以选购专业的单反相机（见图4-1）、摄像机（见图4-2）。为保证视频拍摄的稳定性，可选用手机支架、八爪鱼支架等辅助设备；为提升拍摄效果，可选用反光板、补光灯、补妆灯等辅助设备。直播团队可根据拍摄需求进行选择。另外，建议

图 4-1 单反相机

图 4-2 摄像机

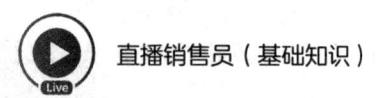

直播销售员在熟练掌握基础的短视频拍摄技巧后,再选购上述设备。

四、短视频在直播中的应用

短视频即短片视频,是一种新兴的互联网内容传播方式,一般指时长在 5 min 以内的视频。随着移动终端的普及和网络提速,短视频以短、平、快的大流量传播方式快速获得了各大主流直播平台的青睐,各类直播软件纷纷引入短视频功能。

短视频的内容、题材丰富,用户的留存性强,直播和短视频相辅相成,能够为用户提供更多、更直观的内容,从而带来更好的使用体验,因此"短视频+直播"的模式迅速兴起。数据显示,直播前的引流短视频能够为自媒体吸引更多的流量与人气,有一定福利的短视频引流效果更好。

直播平台的短视频拍摄需要严格把握吸引力、表现力和结合度三个核心要素。短视频要有一定的亮点和吸引力,要么有趣,要么别致,能够吸引眼球,达到营销和推广目的;短视频在展现具体内容的过程中要强化形式上的表现力,通过多维度的展示来体现产品、渠道或人物的魅力;短视频内容还应与产品、渠道或人物的独特属性充分结合,不应单纯依靠华而不实的画面来吸引客户。就营销定位而言,目前直播平台的短视频内容主要分为营销品牌、营销产品、推广销售渠道和推广网红达人四类。

1. 营销品牌短视频

营销品牌短视频是指通过展现包括企业产品、文化、形象等在内的综合性信息,提升品牌本身在客户心中的价值认可的视频作品。

2. 营销产品短视频

营销产品短视频是指通过有针对性地展现产品的特点、优点,提升产品吸引力,进而提升客户购买欲望的视频作品。

3. 推广销售渠道短视频

推广销售渠道短视频是指通过展现商家独有或具有某方面优势的供货和销售渠道,提升客户信任感和购买意愿的视频作品。

4. 推广网红达人短视频

推广网红达人短视频是指通过展示网红个人魅力或者独门绝技,提升大众好感度的视频作品。

第三节　音视频剪辑

一、剪辑的含义

剪辑是指通过选择、取舍、分解与组接所拍摄的大量素材，最终完成一个连贯流畅、主题鲜明且有艺术感染力的作品。

从拍摄素材到形成一部完整的作品，在剪辑上往往要经过初剪、复剪、精剪乃至综合剪等几个步骤。初剪是根据分镜头剧本，把人物的动作、对话等情景镜头组接起来；复剪是在初剪的基础上进一步修正；精剪是通过对画面反复推敲后，结合蒙太奇结构进行更为细致的剪辑；综合剪是在全片所有场景都拍摄完毕，各片段都经过精剪之后对整体结构和节奏的调整。在整个剪辑过程中，既要保证镜头与镜头之间叙事的自然、流畅、连贯，又要突出镜头的内在表现，即达到叙事与表现双重功能的统一。

剪辑的本质就是通过主体动作的分解组合来完成蒙太奇形象的塑造。镜头剪辑是为故事情节服务的，即通过不同的剪辑方法来完善故事情节，传达故事内容，让观众了解故事梗概。对于一个完整的故事来说，画面剪辑与声音剪辑都是至关重要的，而相应的剪辑技巧和剪辑心理又是剪辑工作者所必须具备的能力。

小贴士

蒙太奇（法语：Montage）是音译的外来语，原为建筑学术语，意为构成、装配，电影发明后又在法语中引申为剪辑。

二、视频剪辑软件

视频剪辑软件是指对视频源进行非线性编辑的软件，属于多媒体制作软件范畴。视频剪辑软件通过加入图片、背景音乐、特效、场景等素材与视频重新进行混合，对视频源进行切割、合并，经过二次编码生成具有不同表现力的新视频。使用视频剪辑软件实现对视频的剪辑，主要有两种方式：一种是通过转换实现，在多媒体领域也称之为剪辑转换；另一种是直接剪辑，不进行转换。

专业的剪辑软件对于使用者有较高的要求，新媒体从业者们目前常用的短视频剪辑软件主要有剪映、Pr（Premiere）、巧影、爱剪辑等。由于剪辑软件种类众多，功能复杂，下面主要介绍两款入门级的短视频剪辑软件。

1. 剪映

剪映的操作界面如图4-3所示，上方是视频监视器预览画面，中间部分为视频轨道操作区域，下方为剪辑工具、特效工具等的备选区域。

该款剪辑软件的剪辑方法是：选择下方特效工具备选区域提供的选项，拖入中间部分的视频轨道操作区域，即可在上方视频监视器区域进行预览。例如，要对视频进行剪辑处理，可单击下方"剪辑"选项，在视频轨道操作区域进行剪辑操作，同时可在上方视频监视器区域进行预览；又如，想对视频画面添加某种特效，单击下方"特效"选项，选择适合的视频特效加入视频轨道中，即可在上方视频监视器区域进行预览，同时可对特效进行叠加或删减处理。

2. Pr

Pr是由Adobe公司开发的一款常用的视频编辑软件，其操作界面如图4-4所示。该款剪辑软件的剪辑方法是：将"效果区域"选项中的各类特效拖动至下方的视频轨道中，在右上方的视频监视器区域进行预览；若想对特效的参数进行微调，如透明度、画面位置等，单击"效果控件"选项即可修改。

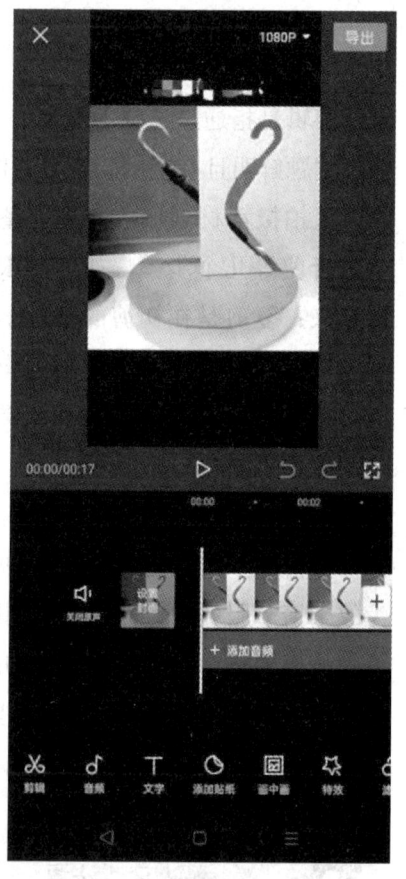

图4-3 剪映的操作界面

三、剪辑思维

同样一句话，不同的重音和断句会有不同的含义。同样，不同的剪辑手法、素材架构也能赋予作品不同的含义。剪辑思维就是一种讲好故事，组建好镜头素材的能力。

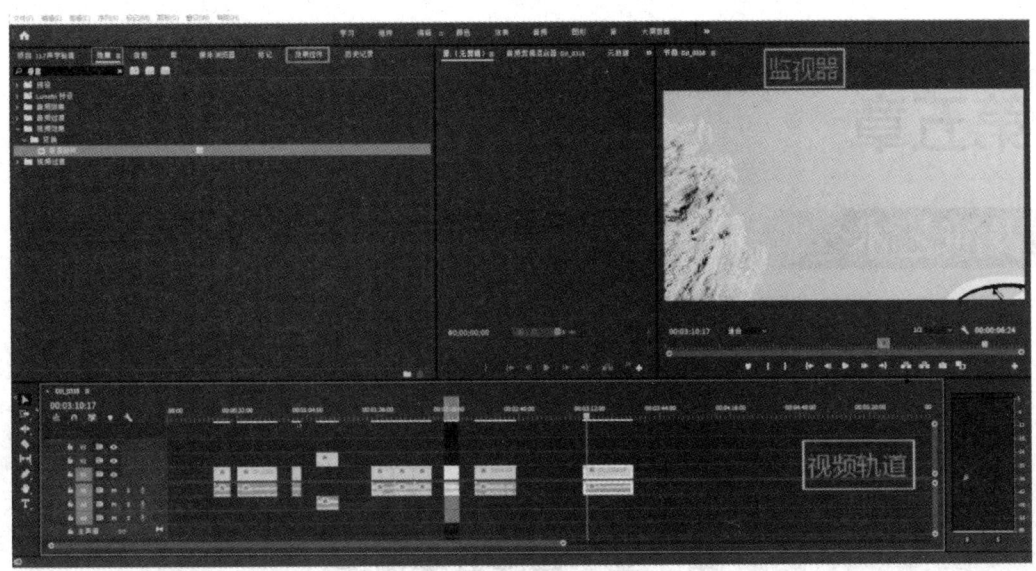

图 4-4　Pr 的操作界面

1. 导演思维

剪辑思维中的导演思维是指剪辑是对素材的加工，也是对整个作品的二次创作。在剪辑初期，要具有导演的大局观念，构思素材的整体框架结构，形成一条时间线和一个叙事结构。

2. 观众思维

剪辑思维中的观众思维是指剪辑师也要像一个编剧一样，在保证作品完整性的同时抓住观众的心理，能让观众自动带入情绪。这就要求剪辑师梳理好情绪线，讲究情绪的逻辑化。

镜头感和音乐感是导演思维和观众思维体现的前提要求，也最能体现剪辑师的能力素质。剪辑师需要合理运用素材，提高对整体镜头的运用能力，根据情景切换多机位，依据故事情节、节奏添加合适的音乐和特效。

第五章

表演艺术

第一节 表演艺术概述

一、艺术形式概述

艺术形式是指艺术作品内部的组织构造、外在的表现形态以及各种艺术手段的总和。

1. 艺术形式的内容

艺术形式的内容包括内形式和外形式。内形式，即内容的内部结构和联系；外形式，即由艺术形象传达的物质手段所构成的外在形态。在任何艺术作品中，内形式与外形式都是结合在一起的，只有通过一定的艺术形式，艺术作品的内容才能够得到表现。艺术形式具有意味性、民族性、时代性等特点。构成艺术形式的要素有结构、体裁、艺术语言、表现手法等。

2. 艺术形式的分类

依据原则和角度的不同，艺术形式大致可以分为以下几类。

（1）以艺术形象的存在方式为依据，可以将艺术分为时间艺术、空间艺术和时空艺术。时间艺术包括音乐和文学，空间艺术包括建筑、雕塑和绘画，时空艺术包括戏剧、影视和舞蹈。

（2）以艺术形象的审美方式为依据，可以将艺术分为听觉艺术、视觉艺术和视听艺术。听觉艺术包括音乐，视觉艺术包括建筑、雕塑、绘画、书法，视听艺术包括戏剧、影视。

（3）以艺术作品的内容特征为依据，可以将艺术分为表现艺术和再现艺术。表现艺术包括音乐、舞蹈、建筑、书法，再现艺术包括绘画、雕塑、戏剧、电影。

（4）以艺术作品的物化形式为依据，可以将艺术分为动态艺术和静态艺术。动态艺术包括音乐、舞蹈、戏剧、影视，静态艺术包括绘画、书法、雕塑、建筑、工艺美术等。

3. 新媒体艺术的表现形式

新媒体艺术是一种建立在数字技术的核心基础之上，以光学媒介和电子媒介为基本语言的新艺术学科门类。新媒体艺术着重强调数字化、虚拟现实、虚拟互动等表现形式。新媒体艺术已经深入到当代艺术的各个领域当中。

（1）新媒体艺术是一种超媒体的形式，具有"新媒体+"的媒介特征。

（2）新媒体艺术是一种流动的形式，动态化和进行时是其常见的形式状态。

（3）新媒体艺术是一种去中心化的协商性的形式，大量交互性和网络参与性作品削弱了创作主体的价值，使艺术家让渡出作品构建的权力，实质上是对于创作权力分配的协商，是一种民主化的形式。

（4）新媒体艺术是一种元形式。

二、表演艺术的含义与本质

1. 表演艺术的含义

表演艺术是通过演员的演唱、演奏或人体动作、表情来塑造形象、传达情绪和情感从而表现生活的艺术。表演艺术泛指必须通过表演完成的艺术形式，如音乐演奏、演唱、舞蹈、曲艺等；专指演员在电影、电视剧、戏剧中创造角色的表演。

2. 表演艺术的特征

（1）直观性。直观性是指通过演员的表演，把各类艺术的文学脚本所提供的间接形象转化为直观的形象，使观众在欣赏演员绘形、绘声、绘色的表演中能如亲临其境、亲闻其声、亲见其形，产生情感交流，了解作品形象所反映的社会生活和思想内容，从而获得审美享受。

与其他艺术形式相比，表演艺术的直观性决定了它和宣传的关系最直接、最密切，宣传效果最快、最好。表演艺术的特征还表现为演员的表演创造过程与观众的欣赏过程同时进行。

（2）综合性。演员用自己的身心创造出形色各异的人物形象，既是创造者，又是

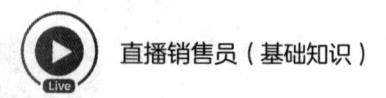

创作材料和工具，其所表演的角色就是艺术品本身。这就是所谓的"三位一体"，使表演艺术与其他艺术门类之间存在重要区别。

3. 表演的本质

表演是演员以角色的身份在规定情景下真实可信地行动。表演四要素包括演员、角色的身份、规定情景、真实可信。

（1）演员。演员是指角色扮演者。

（2）角色的身份。角色的身份是指扮演者所扮演的、不是自己的（或者是经过加工的自己的）角色。这个角色的一切行动要高于演员此刻对应的行动。

（3）规定情景。规定情景是指一个明确的、大家共同认可的客观世界。

（4）真实可信。真实可信是指一个好的表演需要演员与角色保持高度的统一，从而使整体角色真实可信。

三、表演艺术的演绎方式

表演艺术的演绎方式，主要分为以下几个流派。

1. 体验派

体验派的特征是演员通过有意识的心理技术达到天性的下意识的创作，对表演的要求就是从自我出发，生活在角色所处的情境里，和角色一样，正确地、合乎逻辑地、有顺序地、像活生生的人那样去思考和行动。体验派表演在整个角色塑造过程中的基础就是"从自我出发"。"从自我出发"与"成为角色"并不矛盾，"从自我出发成为角色"并非是指"从自我出发再成为角色"，而是指"从自我出发地成为角色"。"从自我出发"是"成为角色"的基础，不能将二者理解为两个分开的过程。

体验派的美学追求就是真实，一切都是为了让演员的表演能够达到一种接近生活、接近下意识的真实感。

2. 方法派

方法派传承自体验派，同样要求演员达到下意识的真实反应，重视演员的表演方法，要求演员必须精于观察事实，揣摩现实生活中的行为，亦应对心理学有基础认识，能够想象出所演绎角色的心理状况，最终演活角色。

3. 表现派

表现派强调演员创造人物性格，在内心构建一个"角色的形象"，强调模仿。同时，表现派不强调从自我出发，不提倡下意识生活在情境里，而是强调"跳出来"拿捏和设计。

四、表演艺术与行为艺术

1. 行为艺术概述

行为艺术是 20 世纪五六十年代兴起于欧洲的现代艺术形态之一。在特定的时间和地点，经艺术家精心策划，由个人或群体完成的行为或事件，并通过与人交流，一步步发展形成结果的过程，这个事件或过程就是行为艺术。行为艺术在本质上可以定义为一种自由的生命活动。

2. 行为艺术的特点

（1）行为艺术具有表演性特征。行为艺术与其他传统艺术相比，更注重艺术家的行为过程，是典型的具有表演性特征的过程艺术形态。

（2）行为艺术具有艺术泛化性特征。行为艺术家通过自己特有的艺术创造行为过程展示，使高不可攀的传统艺术被普通观众所接受。某些作品是由艺术家与一般观众共同完成的，能够拉近艺术家与观众之间的心理距离，增强观众对艺术创造行为的认同感。

（3）行为艺术强调的是行为过程。行为艺术把注重艺术行为结果拓展到充分认识、注重艺术行为过程的领域，从而有助于人们完整地认识人类艺术整体行为，合乎艺术规律性和目的性的发展运动。

（4）行为艺术具有艺术深刻性特征。行为艺术打破了"艺术与非艺术"以及"艺术与生活"的传统界限。

3. 表演艺术与行为艺术的关系

表演艺术并非行为艺术，二者在内容上虽然有很多交叉的地方，但区别也很大。行为艺术是艺术家在特定的情境与空间中，利用自己的身体进行艺术创作的艺术形式，带有极强的偶发性和观念性；表演艺术则是演员在较为固定的空间内，以预先设计动作、表情的方式实现预定情境。行为艺术强调在场性；而表演艺术都有脚本，可以再现，具有可控性。

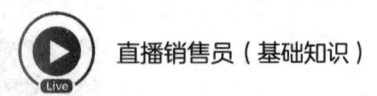

第二节　新媒体艺术

一、新媒体艺术的兴起与发展

1. 新媒体艺术的兴起

新媒体艺术最早起源于 20 世纪 60 年代的观念艺术及 70 年代的表演艺术。当时的信息革命使个人计算机成为计算机的主要形式，而掌握了便携式摄影录像设备的艺术家，开始将这一媒体用于艺术表现，新媒体艺术由此兴起。

2. 新媒体艺术的发展

（1）录像艺术。自 20 世纪 60 年代开始，电视机、录音机、摄像机成为最早的新媒体艺术的载体。由于受科学技术落后的影响，加之设备简陋，当时的新媒体艺术也被戏称为"录像艺术"。

从 20 世纪 80 年代开始，录像艺术在各种国际艺术大展上频频亮相，它以新技术的强大威力，以传统媒体无法抗衡的敏感性、综合性、互动性和强烈的现场感，与架上艺术、装置艺术一起成为主要的艺术媒介。20 世纪 90 年代以后，世界各地的艺术机构定期举办录像节，推动新媒体艺术的传播和交流。同时，由于个人计算机日趋成熟，很多作品以互动多媒体光盘的形式出现，网络作品也开始发展。

（2）数码艺术。数码技术是视觉技术的一个新的重大发展，它必然会影响到视觉艺术的发展。数码处理是进行图形的拼盘，技术与以前的传统工艺相比更加成熟。

伴随着录像和录像装置的出现，互动性开始成为录像艺术超越其他传统艺术媒介的优势。而数码技术的发展使得原来需要用若干电视屏幕或昂贵投影设备制造的互动性，变得能够轻松实现。

（3）配套机构。新媒体艺术已经发展成单频录像带作品、录像装置作品、多媒体光盘和网络艺术等多种呈现方式，与之配套的各种培训、服务和研究机构也应运而生。新媒体艺术的艺术魅力与技术潜能，使得新媒体艺术与新技术之间形成了良性循环。

二、新媒体艺术的特点

新媒体艺术不同于现成品艺术、装置艺术、身体艺术、大地艺术等现代艺术，具有联结性与互动性的鲜明特质。

1. 存在方式的多样化

新媒体艺术能够最大限度地调动起人的所有感官，从视觉、听觉、嗅觉、味觉乃至触觉等方面最大限度地延伸人类的感知。数字影像装置、交互艺术、人工生物艺术等均是新媒体艺术的不同表现方式。

2. 交互性和游戏化

新媒体艺术彻底改变了艺术家与观众之间传统的互为主客的分割与封闭的关系，使双方能够更深入地体验对方。

新媒体艺术的虚拟性、交互性契合了游戏与艺术的本质，将两者紧密结合，统一到了一个崭新的平台上。

3. 非线性叙事

新媒体艺术中采用的非线性叙事已经演变成一种当代艺术家进行艺术创作的特有观念。非线性形态可以是文本图像与影音的混排并存，不同内涵与情节的交叉互动，从而指导每一个画面、每一个网页都能增加瞬息万变的超链接，寻找出无限延伸的新视野和新创意。

4. 虚拟现实观念

新媒体艺术在虚拟现实技术的基础上形成虚拟现实观念。虚拟现实所带来的沉浸性感受很大程度上来自于以触觉为中心的感知。虚拟使艺术与生活的关系发生转变，即不再是艺术模仿生活，而是生活模仿艺术。

三、新媒体交互艺术

新媒体交互艺术是视觉文化时代最具代表性的艺术形式之一，是新媒体技术与艺术的有效整合，改变了艺术传播与交互的内容、形式、观念、渠道和平台，全面推动了新媒体交互艺术理论与实践的创新变革。

1. 媒介视角下的艺术表达

（1）媒介与艺术表达。广义的媒介是指能使人与人、人与事物或事物与事物之间产生联系或发生关系的物质。在传播学意义上，媒介是指任何一种用来传播人类意识的载体或一组安排有序的载体。媒介包括两方面要素：一是包容媒介所携带信息或内容的容器，如书（甲骨、竹简、帛书、纸书）、相片、录音磁带、电影胶片、录像带、影音光盘等；二是用以传播信息的技术设备、组织形式或社会机制，包括通信类（电报、电话、传真、电子邮件、可视电话、移动电话等）、广播类（报纸、杂志、无线电、电视等）和网络类三大类。在当代社会，媒介一般指印刷书籍、报纸、杂志、广播、电视和互联网等，它们都是用以向大众传播消息或影响大众意见的大众传播工具，都是传播信息的媒介。

媒介是艺术家再现心境、寄托情感和表达理念所使用的介质。媒介在艺术史上有特定的生态周期，它们被发现、被使用，最后被取代，很少有媒介能长久地被使用下去。人们对艺术观念的认识很大一部分来自媒介所传播的信息，而艺术也在通过媒介影响着人类对世界的认知。新媒介的出现改变了大众参与艺术的方式，也为人们理解当代艺术现象提供了途径。

（2）交互的艺术概念。交互一般指的是参与活动的对象进行交流和互动的过程，除人与人之间的交流互动外，还指人与物之间的互动、物与物之间的互动等。交互在于沟通，即彼此交流、相互反应。人们之间的交流沟通方式除面对面的形式外，还要借助各种设备获取和分享信息，与外界产生联系。

新媒体艺术中的双向沟通，不仅包括了物质上的交互，还涵盖了心理上和精神上的交互。行为上的交互指受众与艺术作品之间的交互，如受众通过目光凝视、面部表情、肢体动作和空间移动等与作品产生互动；思想上的互动指艺术家与受众在精神上和情感上的交流。艺术家在创作新媒体艺术作品时，会把受众的思想考虑进来，让受众亲身参与，沉浸式地感受艺术带来的美好体验，并与艺术家展开情感交流，最终的艺术作品是由艺术家和受众共同参与完成的。

（3）新媒体交互艺术形态。新媒体艺术在人机交互的基础上跨学科、跨领域、跨媒介，与新技术不断碰撞、融合，形成新的艺术形式，最终演变为几种不同的艺术形态。

1）跨界。艺术领域中的跨界即交叉与超越。跨界使内容各异的文化和理念相互交错、碰撞，归纳整合成为新的质点。跨界的基础是人机交互。

2）碰撞。新媒体艺术的发展是建立在与新技术碰撞的基础之上的。新媒体是新技术的载体，新媒体与艺术的每一次碰撞都是新技术与艺术的碰撞。

3）融合。数字科技冲击着人们的观念，改变了人们的生活方式。新媒体艺术利用数字技术创造出虚拟交互的审美体验，在艺术展、博物馆和电影中广泛应用。

4）演变。新媒体艺术的表达讲究显隐，显是外在、隐是内涵，二者相辅相成。从体验层面来看，新媒体艺术就是既能够在感官上给受众以很好的冲击，又能让受众在作品展示结束后产生联想和反思的一种艺术作品形式。

2. 新媒体交互艺术的认知特性

认知心理学的观点认为，人作为信息加工系统，认知则是对信息进行加工的过程，包含信息的获取、加工、储存和使用，感知、注意、记忆、情感等是认知过程中的行为表现。

（1）刺激感知。受众在欣赏艺术作品时，感知是对艺术认知过程的第一步。新媒体艺术从视觉、听觉、触觉、味觉与嗅觉给受众带来感官刺激，创造出多知觉体验。通过促进艺术作品与受众之间的交流与互动，使其更深刻地领悟艺术理念、内涵和美感，并对艺术作品产生情感共鸣。

（2）注意。新媒体艺术中，受众在欣赏作品时，面对作品中各类内容信息的刺激，会选择性地集中注意那些感兴趣且符合其需求的内容信息。一旦选定了注意的内容，可根据个人的主观意愿长时间、持续性地集中注意该内容信息，同时也能够根据主观意愿，把注意从该内容信息转移到新的内容信息上。

（3）处理记忆。记忆一般包括感觉记忆、短时记忆与长时记忆。受众在欣赏作品时，可根据需要合理地处理和使用这三种记忆。作品信息会先成为受众的感觉记忆，其接受的部分刺激信息不会在短时间内消失，并由感觉记忆向短时记忆过渡；这些经过选择并通过加工转化来的短时记忆如果不在规定的时间内转化为长时记忆，那么就会逐渐被遗忘；长时记忆作为人脑记忆模式的最终环节，信息能在大脑中被长期保存，形成知识，同样也可能转化为短时记忆。通常，在受众与新媒体艺术作品的互动过程中，被转化为知识的长时记忆的使用比较广泛。

（4）产生情感。新媒体交互艺术以交互为情感枢纽，受众不再是被动地接收信息，而是将自己投入到艺术中，将基于自身经历、感悟、心境、情绪而产生的快乐、悲伤、愤怒、恐惧等情感反应，通过与作品的互动加以传达，最终以艺术作品作为媒介的形式，实现与艺术家的情感交流。

3. 新媒体交互艺术的交互特性

新媒体交互艺术具有多感性、多元性、反馈性、沉浸性、虚拟性和非线性等交互特性。

（1）多感性。新媒体交互艺术在虚拟现实技术、全息投影技术、体感交互技术、多通道交互技术等的支撑下，具有视觉、听觉、触觉、嗅觉和味觉等多项感知。通过摄像头、麦克风、触摸屏等可以采集受众的表情、语音、手势等，尝试用多种感官去刺激受众，为受众创造各种感知体验，从而让受众更深刻地领悟艺术理念、内涵和美感，如同身临其境一般。

（2）多元性。新媒体交互艺术的多元性一方面表现在其与多媒体的融合，另一方面表现在其与受众多种感官交互方式的多样。新媒体交互艺术活动过程，不仅包含艺术家与作品、受众与作品、艺术家与受众之间的互动，还包括作品与空间环境、作品与作品之间的互动，呈现多元化交互模式。

（3）反馈性。受众通过身体动作、手势变动、眼睛凝视或声音传达某项信息或要求时，互动式艺术作品能够依照其所需，立即提供信息回应。

（4）沉浸性。新媒体交互艺术所具有的沉浸性特征，经常体现在受众的视觉、听觉、触觉、嗅觉等感官系统，被一系列光、声、电等数字科技互动手段所刺激，以达到全身心的融入和沉浸，再通过数字虚拟的物理空间进入心理空间，从而得到多感官的沉浸式体验。

（5）虚拟性。通过网络、远程操控等技术实现超越空间的虚拟化，打破了时间和空间的限制；通过将受众置入变化的虚拟场景中，使受众在艺术欣赏过程中具有身临其境之感。

（6）非线性。具有数码复制和编辑技术的计算机媒体能够帮助艺术家将所有事件置于网络之中，通过交互实现多种不同行为，以产生多种叙事的可能性。新媒体交互艺术在艺术作品的叙事框架中嵌入了人的行为，非线性叙事的特征更加符合受众的认知方式，能够激发受众的联想，使作品具有非计划性与偶然性，使受众获得思想上的超越。

4. 新媒体交互艺术的审美内涵

新媒体交互艺术由形式引发情感，从而产生交互，通过艺术中互动与反馈所提供的美感经验，将受众心智与环境的隔阂消除，提供新的美感、经验与观点。

（1）新媒体交互艺术的美学观念

1）主客体和谐的美学观念。新媒体交互艺术的审美强调审美主体与审美客体的交融。在审美活动中，审美主体与审美客体相互融合、主客合一，主体即客体，客体即主体。

2）超现实主义的审美。新媒体交互艺术是以扭曲、夸张来追求现实无法满足的批判性和迷幻式的情境。艺术家构造出来的虚拟化世界，就是在艺术创作过程中通过对图像的解构、重组或融合，来产生充满荒诞、怪异、矛盾、黑色幽默式的超现实主义艺术氛围。

3）公众参与的接受美学。接受美学的核心是从受众出发、从接受出发。交互艺术的审美价值是由艺术家和受众共同创造的，创作后的艺术只有经历过受众的参与过程才具有审美价值。接受美学强调受众在艺术作品中的能动作用。

4）后工业时代的技术美学。技术美学是研究美的技术表现，以及人的精神需求与物质需求恰当结合的科学，是应用美学的分支，亦是技术科学与美学相结合的综合性学科。

21世纪以来，艺术家在实际艺术创作中，倡导综合利用机械学、电磁学、光学等原理，并使用新媒介、新技术作为艺术创作的手段，使得艺术的表现形式更加清晰、明朗和富有变化。新媒体交互艺术在秉承技术美学观基础上，着重利用丰富的人机交互技术达到作品与受众互动的目的，从而完成艺术作品。从技术美学的角度来说，新媒体交互艺术的美学特征表现在人机交互的界面和交互形式的审美上，技术化成为艺术家、艺术作品和受众之间沟通的桥梁，它作为一种数字化能量所体现出的创造性价值已经成为新媒体交互艺术的技术美学基石，而技术的多样化与不断提升也反过来影响艺术的创造。

（2）新媒体交互艺术的审美特征。新媒体交互艺术的美学范畴包含感官、生理与心灵三个层次。感官层次强调视觉、听觉、触觉与嗅觉的多向度美感经验；生理层次着重于媒介的功能性、操作的流畅性与使用的简易性；心灵层次旨在传达艺术作品的内涵，提升受众的满足感和体验性。

新媒体交互艺术传达的情感美学特征包括跨领域化、去疆域化、情境体验、互动模拟和自下而上的特征。

1）跨领域化。在创作中呈现复合性多元的艺术特质，形成多领域融合的艺术形态。创作需要各种学科的专业人才，如生物学家、程序设计员、音乐家、视觉艺术家等，这种合作结盟的关系使他们因创作而关系更加密切，体现了交互主体性的美学样态。

2）去疆域化。新媒体交互艺术通过多种媒介来破除时间、地域和空间的限制，解放和瓦解了传统线性时间结构的框架。从最初的静态平面到多维的表现形态，从一种空间跳跃到另一种空间，打破疆域化的局限，产生新的艺术创作。

3）情景体验。艺术的创意趣味产生在受众和作品的互动关系中，当将自身融入艺术以及个人意识产生变化时，会出现全新的影像、关系、思维与经验，带来新的发现或出其不意的回馈。在体验过程中产生的情感和不可预知成为其美学的关键。

4）互动模拟。艺术家将欲传达的信息用模拟的方式转移到目标事物上。通过用装置或软件表现与控制，迅速传递信息，放大感官优势与功能，发挥及时互动的功能，从而达到人机交互的状态。通过强大的类比性语言模式与网络功能，能够迅速且可靠地回馈和交换信息。

5）自下而上。新媒体交互艺术将艺术的控制权还给受众，是一种自下而上的美学观。新媒体交互艺术中的时间是非线性的，通过互动可以随意调整时间序列，任意切割、前进与倒退，在不同时间与空间耦合中发现艺术的新意。通过打破艺术家与受众之间的距离，使受众成为艺术的一部分，利用互动产生新的艺术形式。

5. 新媒体交互艺术的交互形式

新媒体交互艺术中，艺术家、受众及作品中人与物之间的相互作用就是交互，交互形式各异。

（1）媒介载体下的交互形式。新媒体交互艺术是通过媒介进行表达的。媒介载体不同，产生的交互形式也会不同。常用的媒介载体有数码影像、网络媒体、手机媒体、互动装置、电子游戏、虚拟仿真和人工智能装置等。

1）数码影像交互艺术。数码影像交互艺术是以数码影像为媒介载体的艺术形式，通过数字技术来记录、存储和传播，具有便捷性和移动性的特征。

数码影像在成像模式上分为静态影像和动态影像。静态影像类似数码摄影，是用数字成像元件替代传统胶片来记录和存储影像的，改进了传统的拍摄模式，可以在任意时间对拍下的照片进行查看、编辑和修改，迅速得到审美反馈，因而被广泛应用。动态影像包括数字视频、动画视频等。数字视频是在影片拍摄、后期制作和发行放映等环节，以数字化的方式代替胶片的形式，改变了传统视频单一的播放模式，向实时、多功能、多渠道、多方位的模式转变，并出现了3D、4D和5D视频模式；动画视频是用二维动画和三维动画制作完成的视频，具有虚拟性和仿真性的特点。

数码影像在播放形式上分为流线式和交互式。流线式的播放形式即传统的按照时间顺序播放的形式，受众无法控制影片的播放；而交互式的播放形式具有可控性，受众可以在影片播放的过程中通过选择来观看不同的结局。如今，交互式的数码影像通常与电子游戏相结合，在游戏的过程中穿插影片的播放，并有多种剧情可供玩家选择。

数码影像在新媒体艺术表现中常与其他的艺术形式一起混合使用，将虚拟影像与真实场景结合在一起，营造氛围，表达主体。

2）网络媒体交互艺术。网络媒体通过网站页面、网络动画和网络信息的互动来满足甚至超出受众预期，减少信息获取的阻碍，从而提供更好的互动体验。

网站页面是面向网络信息空间的组织信息、设计信息环境和体系结构的艺术，是具有信息传达、沟通交流和反馈互动功能的人机接口，是以受众为中心，构建受众、信息内容和信息组织三者之间交互关系的信息生态系统，能够解决受众、内容和技术三者之间的复杂关系，强调注重受众的浏览体验效果。

网络动画是在网络环境下信息交流与互动的重要媒介，动画是静态视觉图像的连续运动,是通过播放一系列连续画面而形成的视觉映像,因其直观、信息含量大且艺术感染力强,被广泛应用于互联网,成为网站页面构成的重要组成部分,使页面生动有活力,达到引起关注、引导浏览和实现交互的目的。网页动画与传统动画最大的区别在于其交互性,交互式网页动画具有数据量小、表现力强、形式多样和交互性等特点,其运动的原理来自动画的运动原理,在艺术呈现上不拘于技术的前卫与否,而是视觉、听觉和情境的营建,设计过程是将形态、色彩和声音等媒体信息进行整合的过程。

网络信息时刻以惊人的速度更新,同时受众也在时刻关注和获取感兴趣的信息。受众在浏览网页时会把大部分注意力放在当前期望目标上,只有在遇到与期待不符的阻碍时,才会下意识地去注意网络信息交互的性能,当导航混乱或页面加载过大时,受众会不知所措、焦急甚至离开。

3)手机媒体交互艺术。随着科技的革新,手机媒体逐渐满足了更多的功能诉求,不仅是联络设备,更作为身份标识、钱包、娱乐设备等必备品而存在,消除了人们尴尬、孤独、无助等负面情绪,增加了依赖感和满足感。手机媒体成为这个时代典型的媒体形式之一,通过交互活动与使用者的意识形态统一,从而推动这一掌上媒体形式的不断发展。手机是手机媒体的载体,其内部的移动互联体系和互动思维才是交互的核心,从机械式的按照指令工作,到理解反馈信息,到能够与受众对话,再到能预测受众的下一步操作,从而推荐最合适的路线。互动的最高境界不是受众操纵手机,而是受众与信息能进行交流与反馈。

手机媒体交互包括硬件主导和软件主导两种形式。硬件主导的交互形式包括翻盖、按键、触屏、手势操控、语音控制等;软件主导的交互主要在于交互行为,如对图像进行放大和缩小、操纵页面前进和后退、呼唤语音助手等。

4)互动装置交互艺术。互动装置在装置艺术的基础上加入了行为,使受众不仅能从思想上,还能从行为上去揣摩作品表达的内涵,从而达到体验、思考和升华的目的。互动装置中人与人的交互,是艺术家将装置作为道具和场景以供受众使用,进而引导受众间进行互动。

5)电子游戏交互艺术。电子游戏交互艺术是通过电子的方式用图像和声音,模拟虚拟场景,构建游戏背景和规则,使受众可以在其中进行各种游戏的行为。电子游戏按照媒介的不同可以分为计算机游戏、便携游戏和实体游戏等。

①计算机游戏。计算机游戏是指以计算机为操作平台,通过人机交互实现的游戏娱乐方式。计算机游戏根据是否需要网络可以分为单机游戏和网络游戏,根据游戏内容可以分为动作型、战略型等二十多种类型。

②便携游戏。便携游戏是指使用便携式电子设备进行游戏体验的电子游戏。常用的便携式电子游戏设备包括掌上游戏机和手机等。早期的便携游戏受限于装备技术等因素,只有一些规则简单的游戏形式。随着移动互联网和便携游戏装备的发展,出现了交互性和娱乐性更强的移动网络游戏,目前已成为便携游戏的主流。

③实体游戏。实体游戏包括公共娱乐游戏和体感游戏等。公共娱乐游戏通常指运行在公共娱乐场所的经营性的电子游戏,可以单人互动,也可以多人互动,受众通过操纵游戏机上的摇杆和按钮来进行游戏,在互动过程中具有临场感和成就感。体感游戏是一种通过肢体动作变化来操作的新型电子游戏,如 Wii 上的网球游戏、idong 上的旋风乒乓等。

6)虚拟仿真交互艺术。虚拟仿真是用虚拟的系统模仿真实的系统,通常由硬件和软件两大部分构成,具有沉浸性、交互性和构想性的特征。虚拟仿真交互艺术依托的技术包括虚拟现实交互艺术、增强现实交互艺术和混合现实交互艺术。

①虚拟现实交互艺术。虚拟现实交互艺术是用虚拟现实技术实现的虚拟艺术形式。虚拟现实技术,又称临境技术,是一种三维实时交互技术,能对现实场景中的时空及交互方式从视觉、听觉和触觉等方面进行仿真,给受众提供身临其境的感觉。

②增强现实交互艺术。增强现实交互艺术是通过将虚拟环境加在真实环境中,来增强真实环境。利用计算机图形技术和可视化技术产生现实环境中不存在的虚拟对象,通过传感技术将虚拟对象准确放置在真实环境中,再借助显示设备将虚拟对象与真实环境融为一体,具有虚实结合、实时交互、三维定向的特点。

③混合现实交互艺术。混合现实交互艺术是将虚拟世界和真实世界相互融合,产生虚拟逼真的可视化环境,包含实时实体信息和实时虚拟信息。

7)人工智能交互艺术。人工智能交互艺术是利用人工智能技术实现的交互艺术形式。人工智能技术与艺术的高度融合,使得技术与艺术的边界逐渐模糊。人工智能走进生活,创造了更加多元互动的生活模式,即技术让生活更加艺术。随着科技的发展,人工智能技术甚至能将人体作为信息传播的媒介。

人工智能的核心是体现出人类作为个体的特色和价值,艺术创造者可以从不具创造价值的劳作中解放出来,从而更好地专注于交互艺术的创作。这是一个人与机器协同合作、人类智慧与人工智能结合的时代,人的知识储备可能比拼不过机器,但人最宝贵的就是非逻辑的创造力,这也是交互艺术的根本所在。

(2)感官下的交互形式。新媒体交互艺术跨领域的创作可应用到展览空间、移动计算、虚拟环境、面向残障人士的公共和私人空间等领域,所采用的交互技术都是与人的感官相互对应的。艺术家利用感官创造独特的互动形式来传达作品的情感,使受众在与互动作品互动的同时，感受到艺术所表达的情感。作品的形式一般可根据人的视觉、听觉、嗅觉、触觉和味觉来划分。

（3）认知下的交互形式。新媒体艺术的交互形式直接体现受众对艺术作品的认知模式，决定了艺术家的艺术理念、创作意图和艺术情感是否能够顺畅地传递给受众。不同的交互形式能带给受众不同的认知心理和行为习惯，而与作品目标受众的认知心理和行为习惯相贴切的交互形式会带给受众更好的认知效果，从而提高受众在作品中获取信息的准确性与效率。

1）多种感官下的交互形式。在新媒体艺术的交互中，多种感官共同参与更易于让受众处于自然交互状态，且符合其基本的认知。因此，艺术家在创作中利用新媒介、新技术、新设备、新方式，通过视觉、听觉、触觉等多种感官的刺激，呈现多感官的交互，为受众创造出多通道、全面立体的感官体验。

2）虚实沉浸下的交互形式。虚实沉浸下的交互是一种受众和作品自然交互的状态，与最原始的通过鼠标、键盘的交互方式相比，这种仿真的交互形式能更加直接地表达艺术家的观念和情感。虚实沉浸下的交互带给受众的是感觉体验，受众亲身的感受使得作品的感染力更加浓厚。受众在虚实情境中的体验与现实世界的体验基本一致，虚拟的一切与现实生活一样，甚至更加真实，能使受众沉浸于虚拟的情境当中，进而提升艺术创作概念的情感表达性与空间传达性。

3）多维时空下的交互形式。在新媒体艺术中，这种时间和空间的延伸与扩展，能为受众创造出一种新型的多维时空的交互体验。以时间来构成主题，通过图像的各种关系，创造出视觉节奏，表达创意，叙述故事，呈现在人们的日常生活中。这种时间的并置、空间的混叠，使得新媒体艺术作品与受众的交互过程更加贴近真实生活，贴合受众的基本认知。

4）多元体验下的交互形式。在整个新媒体交互艺术活动中，不仅包含艺术家与作品、受众与作品、艺术家与受众之间的互动，还包含作品与空间环境、作品与作品之间的互动，呈现多元体验的交互模式。这种互动模式以更直接、更快捷的形式去适应受众，而不是受众去适应作品，从而最大化地降低受众的认知负担，让受众获得一种流畅的交互体验。

6. 新媒体交互艺术的时空交互

新媒体交互艺术在时间和空间关系的表达上，比以往任何时期的艺术形式都要复杂，即以非线性时间和多维度空间交叉共存。

（1）新媒体交互艺术的时间与活动。时间包含时刻和时段两个概念，是艺术家用以描述作品时间轴线的主要方式。新媒体交互艺术作品的创作过程常被划分为连接、融入、互动、转化和出现五个环节，受众的体验过程与之相对应。首先受众与作品连接，与作品发生关系，进而融入作品中，并与其中的系统、环境和他人发生互动，借由这些互动来转化受众的意识，最后出现全新的影像、关系、思维与经验。

沉浸、互动和构想贯穿新媒体艺术的时间轴线，三者具有一定的耦合性，这种耦合性体现在受众的体验过程之中。新媒体交互艺术的体验过程从感知层出发，再上升到行为层，最后升华到反思层，通过时间顺序由表及里地贯穿于艺术作品始末。因而体验过程在时间维度上可以将新媒体艺术划分为感觉时间、行为时间和反思时间三种时间形态，三者既能独立存在，又能贯穿统一于艺术的表达之中。

（2）新媒体交互艺术的空间与情境。新媒体交互艺术的空间与时间一样，都是艺术作品最基本的形态，也是其互动性的本质所在。新媒体交互艺术的空间特质在于强调临场感和互动性，因此，创建新媒体交互艺术空间其实就在于营造情境，即一种能让受众读懂作品并与之互动的关系形态。

1）维度化的空间结构。艺术家们通过创造多维艺术，引发人们对于艺术空间的思考。随着新兴媒介的出现，艺术的空间结构更多地向三维甚至多维转变。在新媒体艺术领域，摄影艺术、录像艺术、2D影像艺术等是二维艺术，立体装置艺术、3D影像艺术等是三维艺术，时基艺术和简单维度的艺术可以叠加成为多维艺术。随着新技术在艺术领域的广泛应用，多维逐渐成了主流的艺术结构。

多维新媒体艺术是具有三个以上维度空间结构的新媒体交互艺术，是可以将时间维度与空间维度叠加在一起表现的多维艺术，或是基于增强现实与混合现实表现的多维艺术。多维新媒体交互艺术的场景比较丰富，通常会涉及视、听、嗅、触、味五感的表现。

2）逻辑化的空间脉络。有条理的逻辑表达能够有效降低艺术展现的复杂度，这使得逻辑性成了影响新媒体交互艺术体验的一个重要因素。

新媒体交互艺术的逻辑分为物理逻辑和行为逻辑，物理逻辑强调合理配置物质的固有属性，行为逻辑强调合理组织物质的使用价值，两者共同对艺术体验产生深远的影响。基于物理逻辑的新媒体艺术关注的对象是物，作品在空间脉络上的编排以逻辑为线索，叙事性较强，逻辑固定，不因受众的活动而影响；基于行为逻辑的新媒体交互艺术关注的对象是人，作品在空间脉络上的编排以受众体验为线索，抒情性较强，随着受众个体、受众行为的改变而改变。

新媒体艺术空间改变了艺术的空间固性，艺术空间结构、空间形态、空间逻辑也因此有了新的表达方式。以数字艺术、互动艺术等为代表的多维的、混合层的、基于行为逻辑的情境将成为新媒体交互艺术空间的主流表达方式。

3）形态化的空间层次。随着技术的不断革新，新媒体交互艺术空间也因此分出层次，经历着从现实空间到虚拟空间的形态转变。但是完全虚拟的空间到目前为止还是不存在的，通常现实空间和虚拟空间之间还存在一种中间态，即混合空间形态。

新媒体交互艺术现实空间形态是真实存在、触手可及的，不借助虚拟技术，植根于人类生存的真实空间。这类作品的形式都是基础物质形态，最常见的为装置艺术。

新媒体交互艺术混合空间形态是模拟虚拟空间，但仍需要物质形态的参与才能完成，包含了现实与虚拟两种空间形态，在虚实相间的场景下实现艺术的价值。通常融入数字技术的可穿戴设备和基于增强现实技术所表达的是混合空间形态。

新媒体交互艺术虚拟空间形态是一种理想化的、完全沉浸的，无须任何真实物质参与的空间状态，所见所知均为虚拟环境下的场景。通常单线操作和基于虚拟现实技术所表达的是虚拟空间形态。例如，视频装置艺术，受众的接收是虚拟的和单线的。

（3）新媒体交互艺术的时空与交互。新媒体交互艺术用时间引发思考，用空间引导互动，通过多线性时间和多维空间的交织与受众产生的复杂关联，为新媒体交互艺术的互动性奠定了基础，让新媒体交互艺术充满互动性和可操作性。新媒体交互艺术的时空交互关系是时间模块和空间模块的组合。

1）历史与现实的跨越。历史与现实的跨越交互叙事是新媒体交互艺术的常见表达方式之一，主要手法是将不可逆的时空复制、停滞，在时间上粉碎传统的历史逻辑，空间上以多重视角描述场景，打破固有的时空原则，建立新的时空秩序，带来非线性的、看似不合理的、平行的、多重的叙述。

历史与现实的跨越交互通常是以时间上的交互为主，空间上的交互为辅。历史与现实的时空交互是一种空间对时间的替代，历史时间无法复现，但是时间的流逝对空间造成的烙印可以复现。通过现实时空的引导，唤醒人们对历史的认识，同时追溯到某段特定的历史时间，从时间角度引发受众思考。

2）虚拟与现实的融合。新媒体交互艺术经历了模拟仿真、虚实共生，逐渐向虚拟替代现实的方向发展。虚拟不是一个抽象的存在，它使一些尚未实现的幻想聚拢到一起，并利用来自过去和现在的力量现实化，将各种不可能的世界建立在同一个平面上，久而久之，虚拟便成了人们认知范围内的现实。虚拟与现实之间的差别在于受众对空间的重合感知，以空间上的交互为主，时间上的交互为辅，是虚拟存在引发的受众交互行为。

3）时间与空间的交互。时间与空间的交互关系首先是建立在空间构建的基础上，再通过时间具象进行表达。空间是时空交互发生的物质基础，时间是时空交互得以展现的行为路径。时间是贯穿受众活动的主线，将受众的沉浸、互动和构想连成一线；

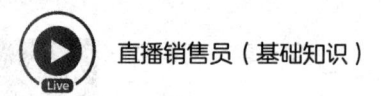

时间被视为空间的维度之一，与空间共同表达艺术的结构、脉络和层次，使空间形式更加饱满。在时间和空间的共同作用下，新媒体交互艺术的交互关系变得更加明朗。

新媒体交互艺术非线性时间和多维度空间的交互，形成了艺术家、作品、受众和环境四个时空交互要素之间的相互关联，使新媒体交互艺术充满互动性和可操纵性，提升了受众的情感体验。

第六章

心理学

第一节 心理学基础

一、心理学概述

1. 心理学的含义

心理学是一门以解释、预测和调控人的行为为目的,通过研究、分析人的行为,揭示人的心理活动规律的科学。要掌握人的心理规律,必须要从研究人的行为入手;而要了解、预测、调节和控制人的行为,则需要探讨人们复杂的心理活动规律。因此,心理学是一门相当复杂的科学,兼有自然科学和社会科学的性质。

心理活动是内隐的,而行为是外显的。外显的行为受内隐的心理活动所支配,反过来,心理活动也只有通过行为才能得到发展与表现。

心理学包括基础心理学和应用心理学。基础心理学的内容包括认知,需要和动机,情绪、情感和意志,能力和人格;应用心理学研究的是心理学基本原理在各个实际领域的应用,包括工业、工程、组织管理、市场消费、社会生活、医疗保健、体育运动以及军事、司法、环境等各个领域。

2. 心理现象的本质

(1)心理是脑的机能。自然科学的发展阐明了心理现象是神经系统和脑长期演化的产物。生物进化史表明,生物进化到一定阶段,产生了神经系统和脑,神经系统和脑在进化的不同阶段,出现了相应的、不同水平的心理现象,这就是动物的心理。

人类具有高度发展的神经系统和大脑，派生了人类高度发达的认识能力和智慧，发展了人类语言和抽象思维，孕育了无限丰富的想象力和创造才能，以及复杂多样、各具特征的人格整体。人脑的结构和机能与心理现象相联系，逐渐被科学研究所发现。很多相关的研究成果也显示，脑是心理的器官，心理是脑的机能。尽管当前脑科学的发展水平，对于解释全部的心理机制还有很大差距，但可以肯定，随着脑科学的进步，心理机制将得到更精确的揭示。

（2）心理是脑对客观现实的反映。心理现象作为脑的机能是以活动的形式存在的，它以脑的神经活动为物质基础。脑的神经活动是生理的、生化的过程，而心理活动则是在这些过程中发生的对外界环境刺激作用的反映活动，是对外界信息的加工。外界环境刺激作用于人的感受器，引起神经系统的活动，其复杂性好比机器装备系统活动的复杂性，能产生感觉、知觉、记忆、思维、想象、情绪、意志等心理活动。

1）心理是观念的反映。心理的反映形式是非物质的、观念的反映。脑的神经过程本身，如兴奋和抑制，是物质的过程；但人脑这一独特的、物质世界最精密发展的产物，具有一种产生观念的特性。在神经过程进行兴奋的传递或抑制的阻碍的同时，产生观念的反映。这种观念的反映构成了人的精神世界，它使人认识外界，存储知识，制订计划，调节行为；它还使人适应环境，改造环境，组织社会生活，创造新的世界。这就是以心理活动为依据的人的精神力量。

2）心理是客观世界的主观映像。心理反映的内容和材料来自外界现实。但是，心理反映不同于摄影，人脑不是复印机，而是加工器。人脑加工过程的每一次编码和译码，对已有信息的提取和检索都是具体的，因而心理反映带有很大的主观性和个体性。

二、心理学研究的意义

心理学是一门以探讨人的行为和心理活动规律为目标的科学，了解心理学有助于促进个人的发展，更好地处理人际关系，有效地推动社会的和谐与进步。心理学研究的意义主要体现在以下两个方面。

1. 心理学研究对个体的意义

心理学通过描述和解释各种心理现象和心理活动历程，能够加深人们对自身的了解。通过学习心理学，人们可以了解自己某些行为出现的原因，以及潜藏在这些行为背后的心理活动和活动的规律；还可以发现自己成长过程中都受到了哪些因素的影响，如何形成了现在的性格和气质特点等一系列有关自身的问题。此外，心理学不仅提供了"是什么""为什么"的答案，更重要的是告诉人们"怎么样"解决问题。当人们发现自己存在一些不良的心理特质和习惯时，如记忆力不好、经常莫名其妙地担忧、亲子关系或婚姻关系不佳等，就可以寻求心理学的帮助。记忆心理学可以帮助你找到记忆方法上的问题，然后建立正确的学习习惯；咨询心理学告诉你如何解除经常焦虑的困扰，维护你的身心健康；家庭治疗心理学可以提供如何增进亲子感情、改善婚姻关系的建议。

2. 心理学研究对社会的意义

对于社会来说，心理学在生产、销售、教育、管理等社会生活方面都发挥着重要的作用。例如，工业心理学告诉企业家该如何合理地设置生产环境，以最有效的方式安排作业流程，让工人在理想的工作氛围中发挥自己最大的潜力；销售心理学、广告心理学使商家了解如何有效地抓住商机，设计和推销产品，既能提供最好的服务满足顾客需求，又能获得最大的效益；管理心理学可以指导管理者有效地激发员工的积极性，增加团队的凝聚力，从而获得更好的工作绩效；教育心理学提醒教育工作者该怎样为学生的发展创造良好的学习环境，开发他们的各项潜能，提高学生的整体素质。

总之，心理学能够为人们的工作、学习、生活提供多方面的帮助。通过心理学研究，能让人们加深对自身的了解，增进对社会的认识，提高学习和工作效率。

第二节　销售心理学

一、销售心理学概述

1. 销售心理学的含义

销售心理学是心理学的一个分支，是专门研究商品销售过程中，商品销售人员与消费者心理现象产生、发展的一般规律，以及双方心理沟通的一般过程的一门科学。

销售心理学所揭示的销售者和消费者在商品销售活动中的心理变化规律，以及销售者和消费者的心理现象与市场销售活动实践的关系，有助于商品销售者正确地看待市场经济现象，掌握科学的销售心理策略，及时调节商品的供求，不断满足消费者的心理需要，促进企业产品的销售和品牌价值的提升。

2. 销售心理学的起源与发展

销售心理学是随着资本主义商品经济的发展而出现的。工业革命之后，工业生产

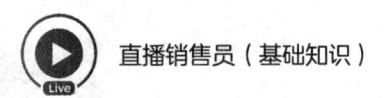

力获得飞速提高，商品长期处于供过于求的境地。20世纪30年代到60年代，随着消费者购买行为研究的发展和完善，消费心理学开始在企业中应用。信息处理方法的运用以及消费者购买行为模型的建立，标志着消费者购买行为的理论研究发生了根本性的变化，从而使消费者购买行为的分析研究建立在更加科学、完善的理论基础上，使销售心理学成为现代经济科学中最重要的学科之一。

二、销售心理学的主要研究内容

销售心理学的研究对象是在市场销售活动中，消费者购买心理现象和销售者销售心理现象产生、发展、变化的一般规律以及销售过程中的心理沟通。简单地说，销售心理学的研究对象就是市场销售活动中的心理现象。销售心理学以市场销售活动中消费者的各种心理现象及发展规律作为研究对象，这不是人们的主观规定，而是市场销售活动所特有的矛盾在科学研究区分上的客观反映。

从现代销售学观点来看，市场是"买卖双方出售商品和劳务的场所"。企业在市场销售活动中的最终目的是要把商品出售给消费者，实现其价值，但能否把商品出售给消费者，实现商品价值的转化，关键在于商品能否满足消费者的需求，以及从哪些方面满足消费者的需求。企业只有充分了解并掌握消费者的需求、爱好、消费习惯，掌握消费者的购买心理及变化规律，才能在日趋复杂的市场销售活动中占据主动，不断创造新产品，扩大产品销路，采取灵活多样的经营服务方式，争取更多的消费者，求得企业的生存和发展。因此，研究消费者心理是做好市场销售活动的前提和基础。

第三节 消费心理学

一、消费心理学概述

1. 消费心理学的含义

消费心理学与社会心理学、社会学和经济学有密切联系，是以大众的消费行为作为研究对象，研究消费者购买、使用商品过程中的心理和行为规律的学科，是商业心理学的主要分支领域之一。

消费心理学涉及商品和消费者两个方面。与商品有关的研究包括广告、商品特点、市场营销方法等；与消费者有关的研究包括消费者的态度、情感、动机、爱好、消费信息来源，以及消费的决策过程等。

2. 消费心理学的发展历程

消费心理学的诞生与基础心理学、消费经济学及其他分支学科有着密切的联系。19世纪前后，出现了现代消费思想并开始与传统消费思想相融合，导致了消费经济理论的大发展。至20世纪60年代前后，众多专家为建构消费心理学体系付出了艰辛的劳动。心理学研究著作的大量问世，为消费心理学的体系化提供了前提条件；实验研究成果大量涌现，关于广告心理、消费动机、消费期望和消费态度方面的研究，为消费心理学体系的建构奠定了科学基础。

如同其他学科的发展一样，消费心理学的科学理论体系在不断创新的过程中得到丰富和完善。

（1）研究领域不断拓展，多学科参与研究，如经济学、建筑学、法学、医学、市场学、数理统计学、工程学等，彼此间相互促进。

（2）理论体系的探讨范围逐渐扩大。探讨的内容除消费生态问题、文化消费问题、决策模式问题外，还有消费者保护问题、消费政策问题、消费信息处理问题、消费心理内在结构问题、消费信用问题、消费法学问题、消费心理控制问题等。

（3）研究国界的突破。消费心理学的研究趋向国际化，不同国家和不同学科的专家学者开始协同作战，对消费心理学的学科创新产生了积极影响。在人类文化大撞击、大融合的趋势面前，消费心理学正由"体系国家化"向"学科国际化"迈进。

二、消费心理学的主要研究内容

任何一种消费活动，都既包含了消费者的消费心理，又包含了消费者的消费行为。准确把握消费者的消费心理，是准确理解消费行为的前提；而消费行为是消费心理的外在表现，因此更具有现实性。

1. 消费心理

消费心理是指消费者进行消费活动时所表现出的心理特征与心理活动。

消费心理的过程分为产生需要、形成动机、搜集商品信息、做好购买准备、选择商品、使用商品、商品使用的评价和反馈七个阶段。

（1）消费心理类别。常见的消费心理类别及主要表现见表6-1。

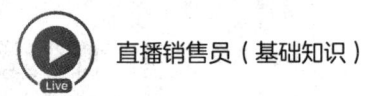

● 表6-1 消费心理类别及主要表现

类别	主要表现
求实心理	以追求商品或劳务的使用价值为主要目的
求美心理	以追求商品的艺术价值和欣赏价值为主要目的
求便心理	以购买方便或携带方便为主要目的
攀比心理（炫耀心理）	消费目的是满足好奇心理，不甘落后。攀比心理（炫耀心理）诱导下的购买动机具有虚荣性，常表现为购买名贵商品、紧俏商品或时髦商品，购买行为具有攀比性和超前性的特点
偏好心理	具有某些特殊爱好的消费者的消费心理
从众心理	从众心理诱导下的购买动机具有跟随性，常表现为群体集体购买，购买行为具有无目的性、偶然性和冲动性的特点
自豪心理	自豪心理诱导下的购买动机具有地方性和显示性，常表现为购买家乡或某一地区的名优产品、土特产，购买行为具有馈赠性的特点
占有心理	占有心理诱导下的购买动机具有恐失性，常表现为购买有价证券、文物古董、名人字画和珍贵工艺品，购买行为具有收藏性和保值性的特点
保值心理	保值心理诱导下的购买动机具有守财性，常表现为购买贵金属制品、耐用消费品和生活必需品，购买行为具有盲目性、冲动性和抢购性的特点
怀旧心理	怀旧心理诱导下的购买动机具有复古性，常表现为购买具有某一历史特征的传统商品的仿古制品，购买行为具有明确的目的性、专一性和观赏性的特点
爱占便宜心理	消费者在此心理诱导下，会容易接受优惠的商品，购买行为有一定的盲目性
害怕后悔心理	每个人在做决定的时候，都会有恐惧感，生怕做错决定，生怕花的钱是错误的

（2）购买动机。购买动机引导顾客的购买活动指向一定的目标，以满足其购买意愿和冲动。这种购买意愿和冲动是十分复杂的心理活动，从其表现来看，可以将消费者的购买动机归纳为理智动机和感情动机两大类。理智动机的内容见表6-2。

● 表6-2 理智动机的内容

动机	内容
适用	适用即求实心理，是理智动机的基本点，即立足于商品的最基本效用。在适用动机的驱使下，消费者更偏重产品的技术性能，而对其外观、价格、品牌等的考虑则在其次
经济	经济即求廉心理，在其他条件大体相同的情况下，价格往往会成为左右消费者取舍某种商品的关键因素
可靠	消费者总是希望商品在规定的时间内能正常发挥其使用价值，很多品牌商品在激烈的市场竞争中具有优势，就是因为具有上乘的品质

续表

动机	内容
安全	随着科学知识的普及和经济条件的改善,消费者的自我保护和环境保护意识增强,对产品安全性的考虑也越来越多地成为消费者选购某一商品的动机
美感	美感也是产品的使用价值之一。对产品的外观设计关注的越来越多,就是因为消费者做出购买决策时,美感动机所占成分越来越重
使用方便	省时省力无疑是人们的一种自然需求。商品尤其是技术复杂的商品,若使用方便快捷,将会受到更多消费者的青睐
购买方便	在社会生活节奏加快的今天,人们更加珍惜时间,对选择性需求不大的商品,一般就近购买、顺便购买。因此,网络购物方式的兴起正适合了消费者的这一购买动机
售后服务	产品质量是一个整体形象。商家提供的说明书、现场指导、售后服务等都成了企业争夺消费者的手段

2. 消费行为

消费行为是指消费者的需求心理、购买动机、消费意愿等心理与行为表现的总和。消费行为最主要的行为表现是购买行为,其制约因素包括以下四点。

(1)需要。需要包括生理的、社会的和心理的需要。需要因素是消费者产生购买行为的直接原因。

(2)可支配收入水平和价格水平。一般来说,消费量和可支配收入水平是沿着同一趋势变化的。但就某一具体商品来说,可支配收入水平的提高并不一定意味着消费量的增加。例如,随着可支配收入水平的提高,对某些中、高档商品的消费量会增加,而对低档商品的消费量则会减少。商品的价格水平对消费者的购买动机有直接影响。

(3)商品本身的特征及商品的购买、保养和维修条件。商品的性能、质量、外观、包装等特征,商店的位置、服务态度等购买条件,以及商品的保养和维修条件等,都能在不同程度上影响消费者的购买行为。

(4)社会环境的影响。消费者的社会、心理需要,受社会环境影响而变化的可能性更大。

3. 消费心理与消费行为

(1)影响消费者心理和行为的内部因素

1)消费者的心理活动过程。任何心理活动都有它产生、发展和完成的过程,这些过程包括认识过程、情感过程和意志过程。同样,消费者从购买商品前到购买商品后使用的整个过程,一般来说也存在着对商品的认识过程、情感过程和意志过程。消费心理学通过研究每个过程发生、发展和表现形式的规律性,以及三个过程之间的联系,可以发现消费者行为中包含的心理现象的共性。

2）消费者的个性心理特征。消费者在兴趣、能力、气质、性格等方面反映出来的个人特点和相互差异，是其形成不同购买动机、购买方式、购买习惯的重要心理基础。通过研究消费者的个性心理特征，可以进一步了解产生不同消费行为的内部原因，掌握消费者购买行为和心理活动规律，了解社会消费现象，预测消费趋向，进而为制定生产、经营战略。

3）消费者的需要和动机。需要和动机是消费者进行各种消费活动的推动力量，也是研究消费者的出发点。因此，企业的生产、经营活动必须从了解消费者的需要和动机入手，并且把满足消费者的需要和动机作为企业生产、经营的目标与宗旨。

4）消费者的生理因素。由于消费者在年龄、性别、健康状况等方面存在差异，故会形成各种类型的消费行为，这也是生产、经营企业必须要考虑的问题。

（2）影响消费者心理和行为的外部因素。外部因素对消费者心理和行为的影响是多方面的，主要包括的因素有以下几类。

1）社会因素。社会因素包括文化、民族、种族、社会阶层、集体、宗教、家庭、教育程度、职业特征等。

2）市场因素。市场因素包括商店布局、广告宣传、销售服务、经营方式、企业形象等。

3）商品因素。商品因素包括商品设计、包装装潢、商标命名、原料工艺、商品质量、商品价格等。

4）自然因素。自然因素包括地理环境、气候变迁等。

三、消费心理学的研究方法

1. 消费意向研究方法

（1）调查法。调查法也常被称作民意测验法，这是研究消费者行为最常用的一种方法。调查法的基本形式主要有三种：面谈、通信和打电话。面谈所提供的信息量最大，但也是最费钱、费时的方式；通信调查包括电子邮件调查和纸质问卷调查两种，这种方式的调查成本低，但问卷的回收率也较低；电话调查是这三种方式中最便宜、实用的方法。

（2）投射法。投射法是试图探讨人潜意识里的动机和情感的一种方法。投射法所依赖的理论是，当向人们施加一个可以用多种方式解释的模糊刺激时，人们的反应是会把自己隐藏起来的需要、忧虑和期望投射在这些刺激上。

在投射法的研究中，消费者是在假想购货的伪装下，对自己内部的情感进行描述。由于消费者并不认为这是直接向心理学家暴露自己，因此，消费者一般是愿意这样做的。

2. 消费行为研究方法

（1）销售记录研究。销售记录是指某一产品实际的销售数目或销售量，能客观地反映消费者接受这一产品的程度或相应广告的效果。

（2）购买行为的观察。观察消费者的购买行为，观察者要被动地等待所观察行为的出现，而且行为出现时，也只能观察到消费者是怎样从事消费活动的，并不能得到消费者产生这种活动的原因，以及内心是怎样想的。因此，这种方法有很大的局限性，只有当所研究的问题能通过消费者的外部行为观察时，才适宜应用这种方法。

（3）品牌的辨认与偏爱研究。品牌的辨认与偏爱研究常常在实验室进行。例如，研究者向被消费者提问，如果不同品牌的同一种商品的商标掉了，他们是否能辨认出各商品所属的品牌。在一个新产品投放市场之前，这种方法常常用来检验消费者对这种新产品的反应。

（4）赠券的回收。赠券的回收常常用来检验各种媒介上的广告效果。赠券主要用来吸引消费者，以换来更多的买家。赠券的回收率可以说明广告所引起的注意度，以及广告的吸引力。但是，它无法说明广告是否有增加产品销售的效果。

四、消费心理学的变化与发展

1. 研究角度趋向多元化

例如，研究消费者心理与行为对市场供求变动的影响，各种宏观调控措施对消费者的心理效应，政府部门在制定经济规划时如何将消费者心理作为重要参考依据等。

20 世纪 70 年代以来，消费者权益保护运动广泛兴起，许多学者注重从消费者利益角度研究消费者心理，以便帮助消费者提高消费能力，学会保护自身权益不受损害。

2. 研究参数趋向多样化

针对消费者的不同心理，研究者通过研究发现能够明显影响消费者购买行为的参数，并根据参数在商品定价、商品寿命等方面进行调整，以满足不同的消费者。例如，尾数定价策略就是针对消费者的求廉心理，在商品定价时有意定一个与整数有一定差额的价格。这是一种具有强烈刺激作用的定价策略。

3. 研究方法趋于定量化

统计方法和实验方法的引入，使得定量方法有了更高的可信度。定量化的研究方法具有以下特点。

（1）从假设出发，事先要提出一个设定的结论。

（2）往往需要控制和操纵变量。

（3）强调研究的客观性，远离数据、远离当事人，即采用局外人的视角进行研究。

（4）所得的数据可信度高，具有可重复性；所得的结论具有普遍性。

第四节　商业心理学

一、商业心理学概述

1. 商业心理学的含义

商业心理学是研究商业活动中的经营者和消费者心理活动规律的应用社会心理学分支，主要包括管理心理学、设计心理学、消费心理学、广告心理学、公共关系心理学等，其中最活跃的是消费心理学和广告心理学。

2. 商业心理学的发展历程

应用社会心理学从一开始便重视心理学在工商业中的应用问题。20世纪30年代以来，随着以消费者为中心的市场经销观念的确立，消费心理学逐渐成为商业心理学研究的主流，它着重研究消费者的特点、需求和爱好。由于其研究涉及人的经济行为和产品设计，所以与经济学和社会学有着密切联系。

我国在商品经济发展的过程中，日益重视商业心理学的研究，出版了有关商业心理学、消费心理学和广告心理学方面的专著，一些高等院校也开设了这方面的课程。

二、商业心理学的主要研究内容

商业心理学是对商业经营者、消费者及其相互关系的研究，主要着重于以下三个方面。

1. 消费者心理

企业经营活动的实质是具有不同心理素质和个性品质的个体，借助物质技术设备或资金，组织商品价值（所有权）转移和商品实体运动的过程。因此，商业心理学研究的消费者，不仅包括现实的消费者，还包括潜在的消费者，即整个社会群体都是其研究对象。

2. 营销心理

营销心理主要涉及经营、销售过程中的一些心理现象，主要包括以下几个方面。

（1）广告心理。广告具有传递信息、激发消费者购买动机、诱发消费者情感的功能。通过对广告接收者深入、细致的分析，创造出更新的广告形式，唤起注意、培养兴趣、诱发联想，从实际角度出发达到促进销售的效果。

（2）新产品的设计与销售心理。创新是经济繁荣、满足需要的必然要求，无论是全新产品还是改良产品，在销售中都要考虑消费者的需求、个性以及时代特征，同时还要注意新产品的生命周期与销售心理策略的运用。

（3）商品命名、商标和包装心理。商品命名、商标和包装心理具体包括命名的心理学功能与要求（名副其实、易记忆、诱发情感、启发联想等），命名方式和商标设计的心理学原则（生动易懂、易于识别、符合联想规律、个性独特、符合民族性等），以及包装的心理学功能和原则（安全便利、形象鲜明、启发联想等），同时还要满足命名、商标、包装在总体设计上的统一、和谐。

（4）商品价格心理。商品价格不仅受货物成本的影响，还与市场需求、竞争状况、配售过程等有关。因此，商品价格心理主要研究心理定价的影响，以及商品定价的心理策略等。

（5）商店环境布置心理。商店环境布置心理主要指商店命名的心理，商店橱窗设计心理，商店内部装饰心理（照明、色彩等），商品摆设心理等。

（6）柜台接待心理。柜台接待心理着重分析营业员与顾客直接接触的心理过程与现象。营业员要仪容端庄，采取适应心理状态的接待法，即先观察进店顾客的意图，抓住时机探求购买目标，根据反应进行适当的诱导以刺激其购买欲望，并同时不断强化商品的综合印象，促成购买，使顾客满意而归。若顾客拒绝购买，应分析其心理因素。

（7）经营艺术的心理分析。经营艺术的心理分析包括分析成功销售和失败销售的影响因素，着重分析整体心理反应，并探索切实可行的推销之路，一般认为应包括以下几个方面。

1）准确判断消费者所处的心理阶段（注意、兴趣、联想、欲望、分析或判断阶段）。

2）建立自身的信用和安全感。

3）讲究接待艺术，接近时机最好选择在从兴趣到联想的阶段。

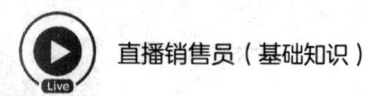

3. 组织心理

企业在进行生产、销售商品的时候，无时无刻不需要组织和管理。商业心理学是以消费者为中心的，也就是以实现产品的最终销售为目的。那么企业如何适应消费者的需求以生产合意的产品，企业如何实现内部的调整以适应自身的发展，企业中的领导以什么作为决策依据等，都是商业心理学中的组织心理所特别关心的问题。

通过对企业环境的分析，可以明确企业的内外环境特征和组织诱因特征（物质的、非物质的、情感的、工作条件的、人际关系的），从而为调整打下基础。组织只有适应环境才能生存，具体方法如下。

（1）通过市场调查、经济分析、消费者心理分析或民意测验，了解内部环境和外部环境中所发生的变化。

（2）通过智囊团等向组织内的有关单位输入该变化的确切情报资料。

（3）通过民主管理的模式，根据输入的情报资料，改变组织内部的生产、流通、推销过程。

（4）通过高层决策来控制或减少因改变组织内的生产等过程而产生的不良问题。

（5）通过广告宣传等方式输出符合变化的新产品或新的服务，开拓市场。

（6）通过市场调查、民意测验等得来的反馈信息，进一步地了解内外环境，检验变化是否成功。

三、商业心理学的研究方法及应用

1. 商业心理学的研究方法

（1）观察法。观察法是研究商业心理学的一种基本方法。观察者置身于日常的商业活动环境，通过自身的视、听感官，有目的、有计划地观察消费者和营销者的言语、行为和表情等，并把观察结果详细地记录下来，分析其原因，从而研究被观察者的心理活动规律。观察法简便易行，被观察者的活动比较自然，所得的观察结果比较真实可靠。因此，它的应用性较强，使用范围也较广，特别是在研究品牌心理、价格心理效应、促销手段对购买行为、顾客心理满意度以及营销沟通等方面，都大有用武之地。

但是，观察法也有缺陷，即它只能被动地了解一般现象和表面现象，而很难弄清现象后面隐藏的心理原因，从而给研究工作带来不利影响。若要弥补这一点，则需与其他研究方法互相辅助和配合。

（2）访谈法。访谈法是研究者通过与访谈对象面对面地交谈，从中了解对方心理活动状态的一种方法。采用这种研究方法，需要确定谈话的主题，设计好谈话的步骤。研究者要有丰富的访谈经验和访谈技巧。在商业心理学的研究中，利用访谈法可以较好地了解消费者的心理需要、购买动机以及他们对商品和服务的意见和建议；同时，也能在轻松自然的交谈中了解到营销人员的内心世界，如服务意识、营销观念、销售热情、工作兴趣等。

但是，访谈法需要的时间较多，谈话对象也有一定的范围。特别是在谈话中访谈对象会使用某些掩饰性的话语，不利于研究者对其心理进行分析和把握。

（3）调查法。调查法是通过采取多种手段、多种途径获得所需材料，从而间接了解被调查者心理状态及特点的方法。调查的方式主要有问卷调查、座谈会、意见箱、个案法等。

（4）实验法。实验法是心理学研究中应用最广、成效最大的一种方法，它分为自然实验法和实验室实验法两种形式。

1）自然实验法。自然实验法是指在商业活动中，通过适当地控制和创设某些条件，给实验者的心理活动以一定的刺激和诱导，从而观察和记录其心理活动具体表现的方法。自然实验法具有较强的主动性、目的性和系统性，应用范围比较广泛。

2）实验室实验法。实验室实验法是指在专门的实验室中，借助各种仪器和设备等进行心理测定、分析的方法。如研究消费者对购物环境颜色的心理反应就可以通过实验室实验法进行。精确的设备可以准确地记录实验者的一系列生理反应，结论比较科学。但是这种方法一般难以准确地测定复杂的、深层的心理活动和个性心理，应用范围有限。

（5）投射测验法。投射测验法是研究人内心深处真实动机、真实想法的一种研究手段，它可以弥补访谈法和调查法的不足。在调查、访谈过程中，调查对象有时为了迎合社会、世俗的某些要求，可能会把内心的真实想法和行为动机掩饰起来，使回答变得不真实，导致材料的可靠性降低，这无疑会影响研究工作的进行，而运用投射测验法则可避免这一点。

投射测验法是一种以无结构性的测验引出被测者的反应，借以考查其所投射的人格特征的心理测验方法。在这种测验中，呈现给被测者的是一组意义模糊不清、没有确定解释的刺激，可以让被测者自行想象并加以解释，使其动机、情绪、焦虑、冲突、价值观和愿望等具有倾向性的心理因素不知不觉地投射出来，进而推断出其人格特征。由于投射测验法具有转移被测者注意力和解除被测者心理防卫的优点，所以商业心理学的研究中常把它作为探寻消费者深层动机的有效手段。

2. 商业心理学的应用

商业心理学研究的是商业活动中人的心理活动及其规律,并运用心理学知识和方法解决商品流通过程中的相关行为问题。商业心理学对企业内部的结构调整和发展具有重大的指导作用,有助于企业提升市场竞争力,满足消费者的需求。

第七章

相关法律、法规知识

第一节 《中华人民共和国广告法》相关知识

2015年4月24日,《中华人民共和国广告法》修订草案通过,自2015年9月1日起施行。

一、监管主体

在中华人民共和国境内,商品经营者或者服务提供者通过一定媒介和形式直接或者间接地介绍自己所推销的商品或者服务的商业广告活动,适用《中华人民共和国广告法》。《中华人民共和国广告法》监管的主体包括广告主、广告经营者、广告发布者和广告代言人。

1. **广告主**

广告主是指为推销商品或者服务,自行或者委托他人设计、制作、发布广告的自然人、法人或者其他组织。

2. **广告经营者**

广告经营者是指接受委托提供广告设计、制作、代理服务的自然人、法人或者其他组织。

3. **广告发布者**

广告发布者是指为广告主或者广告主委托的广告经营者发布广告的自然人、法人

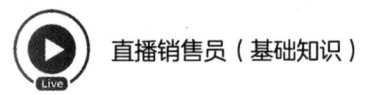

或者其他组织。

4. 广告代言人

广告代言人是指广告主以外的，在广告中以自己的名义或者形象对商品、服务作推荐、证明的自然人、法人或者其他组织。

二、广告内容准则

1. 广告内容

广告中对商品的性能、功能、产地、用途、质量、成分、价格、生产者、有效期限、允诺等或者对服务的内容、提供者、形式、质量、价格、允诺等有表示的，应当准确、清楚、明白。

广告中表明推销的商品或者服务附带赠送的，应当明示所附带赠送商品或者服务的品种、规格、数量、期限和方式。

法律、行政法规规定广告中应当明示的内容，应当显著、清晰表示。

2. 广告禁止的情形

（1）使用或者变相使用中华人民共和国的国旗、国歌、国徽，军旗、军歌、军徽。

（2）使用或者变相使用国家机关、国家机关工作人员的名义或者形象。

（3）使用"国家级""最高级""最佳"等用语。

（4）损害国家的尊严或者利益，泄露国家秘密。

（5）妨碍社会安定，损害社会公共利益。

（6）危害人身、财产安全，泄露个人隐私。

（7）妨碍社会公共秩序或者违背社会良好风尚。

（8）含有淫秽、色情、赌博、迷信、恐怖、暴力的内容。

（9）含有民族、种族、宗教、性别歧视的内容。

（10）妨碍环境、自然资源或者文化遗产保护。

（11）法律、行政法规规定禁止的其他情形。

3. 虚假广告

广告以虚假或者引人误解的内容欺骗、误导消费者的，构成虚假广告。广告有下列情形之一的，为虚假广告：

（1）商品或者服务不存在的。

（2）商品的性能、功能、产地、用途、质量、规格、成分、价格、生产者、有效期限、销售状况、曾获荣誉等信息，或者服务的内容、提供者、形式、质量、价格、销售状况、曾获荣誉等信息，以及与商品或者服务有关的允诺等信息与实际情况不符，对购买行为有实质性影响的。

（3）使用虚构、伪造或者无法验证的科研成果、统计资料、调查结果、文摘、引用语等信息作证明材料的。

（4）虚构使用商品或者接受服务的效果的。

（5）以虚假或者引人误解的内容欺骗、误导消费者的其他情形。

三、广告行为规范

1. 广告主、广告经营者、广告发布者不得在广告活动中进行任何形式的不正当竞争。

2. 广告主委托设计、制作、发布广告，应当委托具有合法经营资格的广告经营者、广告发布者。

3. 广告主或者广告经营者在广告中使用他人名义或者形象的，应当事先取得其书面同意；使用无民事行为能力人、限制民事行为能力人的名义或者形象的，应当事先取得其监护人的书面同意。

4. 广告经营者、广告发布者依据法律、行政法规查验有关证明文件，核对广告内容。对内容不符或者证明文件不全的广告，广告经营者不得提供设计、制作、代理服务，广告发布者不得发布。

5. 广告代言人在广告中对商品、服务作推荐、证明，应当依据事实，符合《中华人民共和国广告法》和有关法律、行政法规规定，并不得为其未使用过的商品或者未接受过的服务作推荐、证明。

四、法律责任

1. 违反《中华人民共和国广告法》规定，发布虚假广告，欺骗、误导消费者，使购买商品或者接受服务的消费者的合法权益受到损害的，由广告主依法承担民事责任。广告经营者、广告发布者不能提供广告主的真实名称、地址和有效联系方式的，消费者可以要求广告经营者、广告发布者先行赔偿。

2. 关系消费者生命健康的商品或者服务的虚假广告，造成消费者损害的，其广告经营者、广告发布者、广告代言人应当与广告主承担连带责任。

3. 其他商品或者服务的虚假广告，造成消费者损害的，其广告经营者、广告发布者、广告代言人，明知或者应知广告虚假仍设计、制作、代理、发布或者作推荐、证明的，应当与广告主承担连带责任。

4. 广告主、广告经营者、广告发布者违反《中华人民共和国广告法》规定，有下列侵权行为之一的，依法承担民事责任：

（1）在广告中损害未成年人或者残疾人的身心健康的。

（2）假冒他人专利的。

（3）贬低其他生产经营者的商品、服务的。

（4）在广告中未经同意使用他人名义或者形象的。

（5）其他侵犯他人合法民事权益的。

第二节 《中华人民共和国消费者权益保护法》相关知识

《中华人民共和国消费者权益保护法》（以下简称《消费者权益保护法》）的制定，是为了保护消费者的合法权益，维护社会经济秩序，促进社会主义市场经济健康发展。

一、《消费者权益保护法》概述

1. 消费者为生活消费需要购买、使用商品或接受服务，其权益受本法保护。
2. 经营者为消费者提供其生产、销售的商品或者提供服务，应当遵守本法。
3. 经营者与消费者进行交易，应当遵循自愿、平等、公平、诚实信用的原则。
4. 国家保护消费者的合法权益不受侵害。国家采取措施，保障消费者依法行使权利，维护消费者的合法权益。国家倡导文明、健康、节约资源和保护环境的消费方式，反对浪费。

通过保护消费者权利，保护消费者和经营者的合法权益不受损害，有利于形成良好的商业道德风气，促使企业加强管理，不断提高产品质量和服务质量，提高经济效益，推进社会进步，促进社会发展。

二、消费者的权利

1. 消费者在购买、使用商品和接受服务时，享有人身、财产安全不受损害的权利。消费者有权要求经营者提供的商品和服务，符合保障人身、财产安全的要求。

2. 消费者享有知悉其购买、使用的商品或者接受的服务的真实情况的权利。消费者有权根据商品或者服务的不同情况，要求经营者提供商品的价格、产地、生产者、用途、性能、规格、等级、主要成分、生产日期、有效期限、检验合格证明、使用方法说明书、售后服务，或者服务的内容、规格、费用等有关情况。

3. 消费者享有自主选择商品或者服务的权利。消费者有权自主选择提供商品或者服务的经营者，自主选择商品品种或者服务方式，自主决定购买或者不购买任何一种商品、接受或者不接受任何一项服务。消费者在自主选择商品或者服务时，有权进行比较、鉴别和挑选。

4. 消费者享有公平交易的权利。消费者在购买商品或者接受服务时，有权获得质量保障、价格合理、计量正确等公平交易条件，有权拒绝经营者的强制交易行为。

5. 消费者因购买、使用商品或者接受服务受到人身、财产损害的，享有依法获得赔偿的权利。

6. 消费者享有依法成立维护自身合法权益的社会组织的权利。

7. 消费者享有获得有关消费和消费者权益保护方面的知识的权利。

8. 消费者在购买、使用商品和接受服务时，享有人格尊严、民族风俗习惯得到尊重的权利，享有个人信息依法得到保护的权利。

9. 消费者享有对商品和服务以及保护消费者权益工作进行监督的权利。

三、经营者的义务

1. 经营者向消费者提供商品或者服务，应当依照《消费者权益保护法》和其他有关法律、法规的规定履行义务。经营者和消费者有约定的，应当按照约定履行义务，但双方的约定不得违背法律、法规的规定。经营者向消费者提供商品或者服务，应当恪守社会公德，诚信经营，保障消费者的合法权益；不得设定不公平、不合理的交易条件，不得强制交易。

2. 经营者应当听取消费者对其提供的商品或者服务的意见，接受消费者的监督。

3. 经营者应当保证其提供的商品或者服务符合保障人身、财产安全的要求。对可

能危及人身、财产安全的商品和服务，应当向消费者作出真实的说明和明确的警示，并说明和标明正确使用商品或者接受服务的方法以及防止危害发生的方法。

4. 经营者发现其提供的商品或者服务存在缺陷，有危及人身、财产安全危险的，应当立即向有关行政部门报告和告知消费者，并采取停止销售、警示、召回、无害化处理、销毁、停止生产或者服务等措施。采取召回措施的，经营者应当承担消费者因商品被召回支出的必要费用。

5. 经营者向消费者提供有关商品或者服务的质量、性能、用途、有效期限等信息，应当真实、全面，不得作虚假或者引人误解的宣传。

6. 经营者应当标明其真实名称和标记。

7. 经营者提供商品或者服务，应当按照国家有关规定或者商业惯例向消费者出具发票等购货凭证或者服务单据；消费者索要发票等购货凭证或者服务单据的，经营者必须出具。

8. 经营者应当保证在正常使用商品或者接受服务的情况下其提供的商品或者服务应当具有的质量、性能、用途和有效期限；但消费者在购买该商品或者接受该服务前已经知道其存在瑕疵，且存在该瑕疵不违反法律强制性规定的除外。经营者以广告、产品说明、实物样品或者其他方式表明商品或者服务的质量状况的，应当保证其提供的商品或者服务的实际质量与表明的质量状况相符。

9. 经营者提供的商品或者服务不符合质量要求的，消费者可以依照国家规定、当事人约定退货，或者要求经营者履行更换、修理等义务。没有国家规定和当事人约定的，消费者可以自收到商品之日起七日内退货；七日后符合法定解除合同条件的，消费者可以及时退货，不符合法定解除合同条件的，可以要求经营者履行更换、修理等义务。

10. 经营者采用网络、电视、电话、邮购等方式销售商品，消费者有权自收到商品之日起七日内退货，且无须说明理由。

11. 经营者在经营活动中使用格式条款的，应当以显著方式提请消费者注意商品或者服务的数量和质量、价款或者费用、履行期限和方式、安全注意事项和风险警示、售后服务、民事责任等与消费者有重大利害关系的内容，并按照消费者的要求予以说明。

12. 经营者不得对消费者进行侮辱、诽谤，不得搜查消费者的身体及其携带的物品，不得侵犯消费者的人身自由。

13. 采用网络、电视、电话、邮购等方式提供商品或者服务的经营者，以及提供证券、保险、银行等金融服务的经营者，应当向消费者提供经营地址、联系方式、商品或者服务的数量和质量、价款或者费用、履行期限和方式、安全注意事项和风险警示、售后服务、民事责任等信息。

14. 经营者收集、使用消费者个人信息,应当遵循合法、正当、必要的原则,明示收集、使用信息的目的、方式和范围,并经消费者同意。经营者收集、使用消费者个人信息,应当公开其收集、使用规则,不得违反法律、法规的规定和双方的约定收集、使用信息。

四、争议的解决

1. 消费者和经营者发生消费者权益争议的,可以通过下列途径解决:
(1) 与经营者协商和解。
(2) 请求消费者协会或者依法成立的其他调解组织调解。
(3) 向有关行政部门投诉。
(4) 根据与经营者达成的仲裁协议提请仲裁机构仲裁。
(5) 向人民法院提起诉讼。

2. 消费者在购买、使用商品时,其合法权益受到损害的,可以向销售者要求赔偿。销售者赔偿后,属于生产者的责任或者属于向销售者提供商品的其他销售者的责任的,销售者有权向生产者或者其他销售者追偿。

3. 消费者在购买、使用商品或者接受服务时,其合法权益受到损害,因原企业分立、合并的,可以向变更后承受其权利义务的企业要求赔偿。

4. 使用他人营业执照的违法经营者提供商品或者服务,损害消费者合法权益的,消费者可以向其要求赔偿,也可以向营业执照的持有人要求赔偿。

5. 消费者通过网络交易平台购买商品或者接受服务,其合法权益受到损害的,可以向销售者或者服务者要求赔偿。网络交易平台提供者不能提供销售者或者服务者的真实名称、地址和有效联系方式的,消费者也可以向网络交易平台提供者要求赔偿;网络交易平台提供者作出更有利于消费者的承诺的,应当履行承诺。网络交易平台提供者赔偿后,有权向销售者或者服务者追偿。

6. 消费者因经营者利用虚假广告或者其他虚假宣传方式提供商品或者服务,其合法权益受到损害的,可以向经营者要求赔偿。广告经营者、发布者发布虚假广告的,消费者可以请求行政主管部门予以惩处。广告经营者、发布者不能提供经营者的真实名称、地址和有效联系方式的,应当承担赔偿责任。

五、法律责任

1. 经营者提供商品或者服务有下列情形之一的，除《消费者权益保护法》另有规定外，应当依照其他有关法律、法规的规定，承担民事责任：

（1）商品或者服务存在缺陷的。

（2）不具备商品应当具备的使用性能而出售时未作说明的。

（3）不符合在商品或者其包装上注明采用的商品标准的。

（4）不符合商品说明、实物样品等方式表明的质量状况的。

（5）生产国家明令淘汰的商品或者销售失效、变质的商品的。

（6）销售的商品数量不足的。

（7）服务的内容和费用违反约定的。

（8）对消费者提出的修理、重作、更换、退货、补足商品数量、退还货款和服务费用或者赔偿损失的要求，故意拖延或者无理拒绝的。

（9）法律、法规规定的其他损害消费者权益的情形。经营者对消费者未尽到安全保障义务，造成消费者损害的，应当承担侵权责任。

2. 经营者提供商品或者服务，造成消费者或者其他受害人人身伤害的，应当赔偿医疗费、护理费、交通费等为治疗和康复支出的合理费用，以及因误工减少的收入。造成残疾的，还应当赔偿残疾生活辅助具费和残疾赔偿金。造成死亡的，还应当赔偿丧葬费和死亡赔偿金。

3. 经营者侵害消费者的人格尊严、侵犯消费者人身自由或者侵害消费者个人信息依法得到保护的权利的，应当停止侵害、恢复名誉、消除影响、赔礼道歉，并赔偿损失。

4. 经营者有侮辱诽谤、搜查身体、侵犯人身自由等侵害消费者或者其他受害人人身权益的行为，造成严重精神损害的，受害人可以要求精神损害赔偿。

5. 经营者提供商品或者服务，造成消费者财产损害的，应当依照法律规定或者当事人约定承担修理、重作、更换、退货、补足商品数量、退还货款和服务费用或者赔偿损失等民事责任。

6. 经营者以预收款方式提供商品或者服务的，应当按照约定提供。未按照约定提供的，应当按照消费者的要求履行约定或者退回预付款；并应当承担预付款的利息、消费者必须支付的合理费用。

7. 依法经有关行政部门认定为不合格的商品，消费者要求退货的，经营者应当负责退货。

8. 经营者有下列情形之一，除承担相应的民事责任外，其他有关法律、法规对处罚机关和处罚方式有规定的，依照法律、法规的规定执行；法律、法规未作规定的，由工商行政管理部门或者其他有关行政部门责令改正，可以根据情节单处或者并处警告、没收违法所得、处以违法所得一倍以上十倍以下的罚款，没有违法所得的，处以五十万元以下的罚款；情节严重的，责令停业整顿、吊销营业执照：

（1）提供的商品或者服务不符合保障人身、财产安全要求的。

（2）在商品中掺杂、掺假，以假充真，以次充好，或者以不合格商品冒充合格商品的。

（3）生产国家明令淘汰的商品或者销售失效、变质的商品的。

（4）伪造商品的产地，伪造或者冒用他人的厂名、厂址，篡改生产日期，伪造或者冒用认证标志等质量标志的。

（5）销售的商品应当检验、检疫而未检验、检疫或者伪造检验、检疫结果的。

（6）对商品或者服务作虚假或者引人误解的宣传的。

（7）拒绝或者拖延有关行政部门责令对缺陷商品或者服务采取停止销售、警示、召回、无害化处理、销毁、停止生产或者服务等措施的。

（8）对消费者提出的修理、重作、更换、退货、补足商品数量、退还货款和服务费用或者赔偿损失的要求，故意拖延或者无理拒绝的。

（9）侵害消费者人格尊严、侵犯消费者人身自由或者侵害消费者个人信息依法得到保护的权利的。

（10）法律、法规规定的对损害消费者权益应当予以处罚的其他情形。

9. 经营者违反《消费者权益保护法》规定提供商品或者服务，侵害消费者合法权益，构成犯罪的，依法追究刑事责任。

10. 经营者违反《消费者权益保护法》规定，应当承担民事赔偿责任和缴纳罚款、罚金，其财产不足以同时支付的，先承担民事赔偿责任。

11. 经营者对行政处罚决定不服的，可以依法申请行政复议或者提起行政诉讼。

第三节 《中华人民共和国民法典合同编》相关知识

2020年5月28日，第十三届全国人大第三次会议表决通过了《中华人民共和国

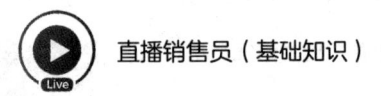

民法典》(以下简称《民法典》),自 2021 年 1 月 1 日起施行。

一、《民法典》概述

《民法典》被称为"社会生活的百科全书",是中华人民共和国第一部以法典命名的法律,在法律体系中居于基础性地位,也是市场经济的基本法。《民法典》共 7 编、1 260 条,各编依次为总则、物权、合同、人格权、婚姻家庭、继承、侵权责任,以及附则。

二、《中华人民共和国民法典合同编》

合同是民事主体之间设立、变更、终止民事法律关系的协议。依法成立的合同,受法律保护。

1. 合同的订立

(1)当事人订立合同,可以采用书面形式、口头形式或者其他形式。

书面形式是合同书、信件、电报、电传、传真等可以有形地表现所载内容的形式。以电子数据交换、电子邮件等方式能够有形地表现所载内容,并可以随时调取查用的数据电文,视为书面形式。

(2)当事人订立合同,可以采取要约、承诺方式或其他方式。

1)要约是希望与他人订立合同的意思表示,该意思表示应当符合以下两个条件:一是内容具体确定;二是表明经受要约人承诺,要约人即受该意思表示约束。

2)承诺是受要约人同意要约的意思表示。承诺应当以通知的方式作出,但是根据交易习惯或者要约表明可以通过行为作出承诺的除外。承诺应当在要约确定的期限内到达要约人。

2. 合同的内容

合同的内容由当事人约定,一般包括以下条款:

(1)当事人的姓名或者名称和住所。

(2)标的。

标的是指合同当事人的权利和义务指向的对象。合同标的可以是货物、货币、行为、智力成果和工程项目等。

(3)数量和质量。

数量和质量是确定标的的主要条件。

（4）价款或者报酬。

这是有偿合同的必备条款。合同中应定明价款或报酬的数额与计算标准、结算方式和程序等。

（5）履行期限、地点和方式。

合同的履行期限是双方当事人履行合同的时间界限。合同履行地点和方式的确定对明确当事人权利和义务具有重要意义。

（6）违约责任。

违约责任是指违反合同义务的当事人应承担的法律责任。

（7）解决争议的方法。

3. 合同的效力

（1）依法成立的合同，自成立时生效，但是法律另有规定或者当事人另有约定的除外。

（2）无权代理人以被代理人的名义订立合同，被代理人已经开始履行合同义务或者接受相对人履行的，视为对合同的追认。

（3）法人的法定代表人或者非法人组织的负责人超越权限订立的合同，除相对人知道或者应当知道其超越权限外，该代表行为有效，订立的合同对法人或者非法人组织发生效力。

（4）合同中的下列免责条款无效：造成对方人身损害的；因故意或者重大过失造成对方财产损失的。

（5）合同不生效、无效、被撤销或者终止的，不影响合同中有关解决争议方法的条款的效力。

4. 合同的履行

（1）当事人应当按照约定全面履行自己的义务。

当事人应当遵循诚信原则，根据合同的性质、目的和交易习惯履行通知、协助、保密等义务。

（2）通过互联网等信息网络订立的电子合同的标的为交付商品并采用快递物流方式交付的，收货人的签收时间为交付时间。电子合同的标的为提供服务的，生成的电子凭证或者实物凭证中载明的时间为提供服务时间；前述凭证没有载明时间或者载明时间与实际提供服务时间不一致的，以实际提供服务的时间为准。

电子合同的标的物为采用在线传输方式交付的，合同标的物进入对方当事人指定的特定系统且能够检索识别的时间为交付时间。

电子合同当事人对交付商品或者提供服务的方式、时间另有约定的，按照其约定。

5. 合同的变更和转让

（1）当事人协商一致，可以变更合同。

（2）当事人对合同变更的内容约定不明确的，推定为未变更。

（3）债权人可以将债权的全部或者部分转让给第三人，但是有下列情形之一的除外：

1）根据债权性质不得转让。

2）按照当事人约定不得转让。

3）依照法律规定不得转让。

6. 合同的权利义务终止

有下列情形之一的，债权债务终止：

（1）债务已经履行。

（2）债务相互抵消。

（3）债务人依法将标的物提存。

（4）债权人免除债务。

（5）债权债务同归于一人。

（6）法律规定或当事人约定终止的其他情形。

7. 违约责任

当事人一方不履行合同义务或者履行合同义务不符合约定的，应当承担继续履行、采取补救措施或者赔偿损失等违约责任。

（1）当事人一方明确表示或者以自己的行为表明不履行合同义务的，对方可以在履行期限届满前请求其承担违约责任。

（2）当事人一方未支付价款、报酬、租金、利息，或者不履行其他金钱债务的，对方可以请求其支付。

（3）当事人一方不履行非金钱债务或者履行非金钱债务不符合约定的，对方可以请求履行。

（4）当事人一方不履行合同义务或者履行合同义务不符合约定的，在履行义务或者采取补救措施后，对方还有其他损失的，应当赔偿损失。

（5）当事人一方不履行合同义务或者履行合同义务不符合约定，造成对方损失的，损失赔偿额应当相当于因违约所造成的损失，包括合同履行后可以获得的利益；但是，不得超过违约一方订立合同时预见到或者应当预见到的因违约可能造成的损失。

第四节 《互联网直播服务管理规定》相关知识

一、《互联网直播服务管理规定》的发展历程

为加强对互联网直播服务的管理，保护公民、法人和其他组织的合法权益，维护国家安全和公共利益，根据《全国人民代表大会常务委员会关于加强网络信息保护的决定》《国务院关于授权国家互联网信息办公室负责互联网信息内容管理工作的通知》《互联网信息服务管理办法》和《互联网新闻信息服务管理规定》，制定了《互联网直播服务管理规定》。

2016年11月4日，《互联网直播服务管理规定》由国家互联网信息办公室发布，自2016年12月1日起施行。

二、《互联网直播服务管理规定》的主要内容

1. 提供互联网直播服务，应当遵守法律法规，坚持正确导向，大力弘扬社会主义核心价值观，培育积极健康、向上向善的网络文化，维护良好的网络生态，维护国家利益和公共利益，为广大网民特别是青少年成长营造风清气正的网络空间。

2. 互联网直播服务提供者应积极落实企业主体责任，建立健全各项管理制度，配备与服务规模相适应的专业人员，具备即时阻断互联网直播的技术能力，技术方案应符合国家相关标准。

3. 互联网直播服务提供者以及互联网直播服务使用者不得利用互联网直播服务从事危害国家安全、破坏社会稳定、扰乱社会秩序、侵犯他人合法权益、传播淫秽色情等法律法规禁止的活动，不得利用互联网直播服务制作、复制、发布、传播法律法规禁止的信息内容。

4. 互联网直播服务提供者应当加强对评论、弹幕等直播互动环节的实时管理，配备相应的管理人员。

5. 互联网直播服务提供者应当按照"后台实名、前台自愿"的原则，对互联网直播用户进行基于移动电话号码等方式的真实身份信息认证，对互联网直播发布者进行

基于身份证件、营业执照、组织机构代码证等的认证登记。互联网直播服务提供者应当对互联网直播发布者的真实身份信息进行审核，向所在地省、自治区、直辖市互联网信息办公室分类备案，并在相关执法部门依法查询时予以提供。互联网直播服务提供者应当保护互联网直播服务使用者身份信息和隐私，不得泄露、篡改、毁损，不得出售或者非法向他人提供。

6. 互联网直播服务提供者应当建立互联网直播发布者信用等级管理体系，提供与信用等级挂钩的管理和服务。

7. 互联网直播服务提供者应当配合有关部门依法进行的监督检查，并提供必要的文件、资料和数据。

附录

互联网管理的相关法律、法规

与互联网信息内容、舆情治理等相关的法律、法规见附表。

● 附表　互联网管理的相关法律、法规

性质	文件名称	实施（修订）时间
法律	《中华人民共和国反恐怖主义法》	2018年4月27日
	《中华人民共和国网络安全法》	2017年6月1日
	《中华人民共和国国家安全法》	2015年7月1日
	《全国人民代表大会常务委员会关于加强网络信息保护的决定》	2012年12月28日
行政法规	《互联网上网服务营业场所管理条例》	2019年3月24日
	《信息网络传播权保护条例》	2013年3月1日
部门规章	《公安机关互联网安全监督检查规定》	2018年11月1日
	《互联网文化管理暂行规定》	2017年12月15日
	《互联网药品信息服务管理办法》	2017年11月17日
	《互联网信息内容管理行政执法程序规定》	2017年6月1日
	《互联网新闻信息服务管理规定》	2017年6月1日
	《专网及定向传播视听节目服务管理规定》	2016年6月1日
	《电信和互联网用户个人信息保护规定》	2013年9月1日
规范性文件	《具有舆论属性或社会动员能力的互联网信息服务安全评估规定》	2018年11月30日
	《微博客信息服务管理规定》	2018年3月20日
	《互联网新闻信息服务新技术新应用安全评估管理规定》	2017年12月1日

续表

性质	文件名称	实施（修订）时间
规范性文件	《互联网新闻信息服务单位内容管理从业人员管理办法》	2017年12月1日
	《互联网群组信息服务管理规定》	2017年10月8日
	《互联网用户公众账号信息服务管理规定》	2021年2月22日
	《互联网论坛社区服务管理规定》	2017年10月1日
	《互联网跟帖评论服务管理规定》	2017年10月1日
	《互联网新闻信息服务许可管理实施细则》	2017年6月1日
	《互联网直播服务管理规定》	2016年12月1日
	《互联网信息搜索服务管理规定》	2016年8月1日
	《移动互联网应用程序信息服务管理规定》	2016年8月1日
	《互联网新闻信息服务单位约谈工作规定》	2015年6月1日
	《互联网用户账号名称管理规定》	2015年3月1日
	《互联网危险物品信息发布管理规定》	2015年3月1日
	《即时通信工具公众信息服务发展管理暂行规定》	2014年8月7日
司法解释	《最高人民法院关于审理利用信息网络侵害人身权益民事纠纷案件适用法律若干问题的规定》	2021年1月1日
	《最高人民法院、最高人民检察院关于办理利用信息网络实施诽谤等刑事案件适用法律若干问题的解释》	2013年9月10日
	《最高人民法院关于审理侵害信息网络传播权民事纠纷案件适用法律若干问题的规定》	2013年1月1日